読みなおす日本史

江戸武士の日常生活

素顔・行動・精神

柴田 純

吉川弘文館

目　次

はじめに　新たな武士像をさぐる

「門閥制度は親の敵」——福沢諭吉の近世武士像

近世の武士というと、ふつうどんなイメージをもつだろうか。すぐに思いつくのは、映画やテレビでおなじみの、水戸光圀《みとみつくに》や大岡忠相《おおおかただすけ》のような正義の味方か、強欲な家老や悪代官といったステレオタイプな描写であろう。

もう少し学問的になると、上級武士はともかく、中下級武士は、固定した封建社会のもとで、瑣末《さまつ》なしきたりや家格・身分にしばられ、出世もままならず、日々貧困のなかで苦しむ姿が描かれてきたようである。

後者のようなイメージが一般化するうえで、大きな影響を与えることになったひとつの契機が、つぎのような福沢諭吉《ふくざわゆきち》の言葉である（以下、引用文は一部仮名づかいを現代仮名に改め、漢文を訓み下すなどした）。

下等士族は何等《なんら》の功績あるも何等の才力を抱くも決して上等の席に昇進するを許さず、稀《まれ》に祐筆《ゆうひつ》などより立身して小姓組に入《いり》たる例もなきに非ざれども、治世二百五十年の間、三、五名に過ぎず、故《ゆえ》に下等士族は其下等中の黜陟《ちゆつちよく》に心を関して昇進を求《もとむ》れども、上等に入るの念は固《もと》より之《これ》を断絶して、其趣は走獣敢《あえ》て飛鳥《ひちよう》の便利を企望せざる者の如《ごと》し（『旧藩情』）。

福沢が少年時代をすごした中津藩で、上士と下士の差別が厳然としてあったことが、回想されている。つまり、下級武士は、上級武士への昇進がほとんど完全に閉ざされていたというのである。そうした歴史認識をふまえて、福沢はまたつぎのようにも述べている。

中津は封建制度でチャント物を箱の中に詰めたように秩序が立っていて、何百年経っても一寸とも動かぬという有様、家老の家に生まれた者は家老になり、足軽の家に生まれた者は足軽になり、先祖代々、家老は家老、足軽は足軽、その間に挟まっている者も同様、何年経っても一寸とも変化というものがない。（中略）こんなことを思えば、父の生涯、四十五年のその間、封建制度に束縛せられて何事も出来ず、空しく不平を呑んで世を去りたるこそ遺憾なれ。（中略）私は毎度このことを思い出し、封建の門閥《もんばつ》制度を憤ると共に、亡父の心事を察して独り泣くことがあります。私のために門閥制度は親の敵《かたき》で御座《ござ》る（『福翁自伝』）。

福沢によって右のように強調された「封建の門閥制度」、つまり家格や身分にしばられた武士社会というイメージは、その後、そのまま近世の武士社会一般へと拡大して投影され、あたかも近世の武士社会が、その成立期から流動性のない固定した社会であったかのようにみなされてきた。

異なっていた実態

しかし、右の福沢が描いた近世武士社会像にたいしては、一八七四（明治七）年に、「旧尾張藩御手筒同心」の家に生まれた新見吉治が、尾張藩の下級武士について詳細な研究（『下級士族の研究』）をおこない、つぎのような批判を加えている。

「武士階級も新陳代謝が多かった。子がなくて絶家したものもあるが、高い格禄の家から、低い格禄、又は無格の足軽にまで成り下ったものも少くない」とし、「足軽が代を重ねる間に給人まで進んだものがあったと同様、給人であったものが、足軽に下ったり、庶民となったものもないことはない」と述べている。

さらにまた、「福沢諭吉の旧藩事情に見えるほどの士分と軽輩との言語上の相違があったか、否か筆者には判断がつきかねる。筆者の隣家後藤氏の跡には筆者が小学に入学する頃旧知百五十石の士族朝岡氏が片端筋の元屋敷から移住して来られ、隠居久斎先生は漢学で、老夫人は長唄を教えられ、筆者も妹もそれ〴〵入門した。言語の上には大した差別を覚えなかった」と述べている。

福沢の近世武士社会についてのイメージにたいしては、右のように以前から少数ながら疑問が出されていた。そして最近、藤井譲治は、御目見《おめみえ》以下の御家人と御目見以上の旗本からなる幕臣団にかんして、一七世紀中葉での彼らの昇進の実態を考察したうえで、つぎのようにまとめている。

『寛政重修諸家譜』に載せられた六三五四家のうち、一七九八（寛政一〇）年までに御家人から旗本に家格を上昇させた家数が一一五七家にのぼることからすれば、御家人から旗本への家格上昇の傾向は十七世紀後半以降一層顕著なものとなっていったといえる。

以上述べてきた幕府機構内での昇進や家格上昇という数多い事例は、江戸時代の武家社会が家格や身分に縛られた閉鎖的なものであったというこれまでのイメージの転換を迫っている（『江戸時代の官僚制』）。

右の事実から、福沢が描いた武士社会の様相とは、実態が大きく異なっていたことがわかるのである。

近世武士の実像とは

一口に武士社会といっても、幕府と諸藩ではそれぞれかなりの相違があったと推測される。しかしそれ以上に、福沢が描いたイメージは、多分に近世後期のいわば解体期のそれであったことに注意すべきだろう。

ちなみに、近世中期までは、家格や身分の変動が比較的スムーズにおこなわれ、武士社会そのものがある程度柔軟性を保持していた。そのため、いちじるしい昇進をした武士が多かった。たとえば将軍に気に入られて昇進した者に、五二〇石の小姓から一五万石の大名になった柳沢吉保《やなぎさわよしやす》（一六五八〜一七一四年）、切米一五〇俵一〇人扶持の小姓から五万石の大名になった間部《まなべ》詮房《あきふさ》（一六六六〜一七二〇年）の例がある。将軍の縁故で昇進した者として、将軍綱吉の生母桂昌院の実弟本庄宗資がいて、彼は切米八〇〇俵の奏者衆で召し出されて五万石の大名にまでなった。また実力で昇進した者に、一九二〇石から一万石の大名になった大岡忠相《おおおかただすけ》（一六七七〜一七五一年）などが知られている。ところが、後期になるにつれて、長期間の世襲などによって柔軟性が失われ、次第に家格や身分の固定化といった弊害が顕著になっていった。

それゆえ、後期になってしばしば人材登用が主張されてくるのは、中期までは昇進などが比較的容易で、特に人材登用が強調されなくても実現されていたのにたいして、後期になるとそれが難しくなったため、かえって人材登用が声高に強調されなければならなかったと考えられるのである。すなわち、福沢のイメージは、近世後期にはある程度の妥当性をもっていたとしても、近世一般の武士社会にあてはめることには無理があるといえよう。

そこで本書では、通俗化された福沢的イメージから一定の距離をおき、そこから自由になって武士の思想なり行動なりを描いていきたい。これが本書の一つの基本的立場である。

専制にたいする規制

本書のもう一つの立場は、主君の立場からではなく、できるだけ一般武士の立場から、武士の思想なり行動なりを描いていくことである。

すなわち、従来の武士道論では、近世の武士は在地性を喪失し、次第に俸禄米《ほうろくまい》の受給者となって自立性を失った。その結果、主君の力が家臣にたいして圧倒的に優位となり、主君への絶対的服従が一般化していき、いわゆる滅私奉公《めっしほうこう》が貫徹されていったとされる。しかし、こうした視点からは、主君の立場から期待される武士像しか再生産されないだろう。

だが、藩レベルでいえば、藩主もまた幕府から領国の安寧維持を求められており、藩主と家臣団は協同して、その任務をはたさなければならなかった。たしかに中世の武士社会にみられた自力救済観念は否定され、藩主自身や藩への滅私奉公が要求された。しかし他方で、一般武士は、武士自身の安定的社会の実現を求めたのである。その実現のために、武士が治者であることによりつつ、藩主もまた武士社会の一員であること、つまり、藩主と一般武士が協同して領民統治を実現すべきだとされ、藩主に一定の制約が求められていくことになったのである。

かくして一般武士は、一方で藩主への忠誠を誓いながら、他方で武士社会全体の安定的社会をめざすために必要な道理を強調し、藩主の専制にたいして、一定の規制をはかっていった。すなわち、藩主の専制は、それが家中や藩政の混乱をもたらし、結果的に藩自体の滅亡につながることが強調されることで、藩主にたいする諫言《かんげん》が正当化され、藩主の一方的な専制化に歯止めがかけられたのである。

それが可能であったのは、幕藩体制では、藩権力はつねに上位の公儀権力によってその動向が規制され、藩政の混乱が、結果的に公儀権力による藩自体の存在否定にまでいたったからである。一般武士は、幕藩体制のそうした支配の特徴的なあり方に依存しつつ、藩主の専制化に一定の規制を与えることができたのである。

同時に、一般武士がみずからの立場をより強固にするためには、治者である武士の責任意識を強調することも効果的であった。すなわち、藩政での安寧維持を強調することは、公儀にたいする奉公なのであり、治者としての責任意識は、一般武士と等しく藩主もまたともに実現すべき課題とされたからである。かくして、責任意識は、近世武士の道理と深く結びついていくことになったのである。

その結果、道理を天の観念と結びつけることで、道理の観念が倫理化されていく。社会の安寧維持を実現することは、天の意志として正当化され、治者としての武士全体に要請されていくことになった。まさに、武士の道理は、天への責任意識とされることで、近世武士全体の倫理とされることになったのである。したがって、一般武士の立場で描くとは、近世というある特定の社会のなかで、武士が何を課題として生きたのか、それを主要なテーマとして描くことなのである。

武士の日常性

ところで、これまでの武士論は、思想家かそれに近い人物の著作などを素材にして、そこで語られた観念的な内容を分析したものが比較的多かった。

だが、近世というある特定の社会のなかにおいて、武士は、生活者としての日常生活を送っていたはずであり、そうした日常性が武士の思想や行動と密接にかかわっていたことはいうまでもあるまい。そこで本書では、まずはじめに、現実の武士の日常的行動にかんして、勤務の様子や、病気とのかかわり、結婚や子育て、余暇のすごし方など、いくつかの具体的問題をとりあげて考えていく。そうした日常性こそが、近世武士の精神のあり様を具体的に考えていくうえで不可欠だと思うからである。

これが三つめの本書の立場である。

本書では、以上の理由から、近世の幕藩体制が確立した一七世紀後半から一八世紀前半の武士社会を中心にとりあげ、武士の日常生活を具体的に描き出しながら、それとかかわらせて、武士の精神的世界を考えていくことにしたい。

＊本書において、参照した資料の違いにより年齢の表記が異なっている。生年がわかる場合は満年齢、わからない場合は数え年齢とさせていただいた。

第一章　中世から近世へ

1　兵農分離社会が誕生したとき

飢饉という目安

本文を理解してもらうために、最初に、近世とはいかなる特質をもった社会なのか、中世社会と比較しながら、社会史的な視点で私の立場を素描しておきたい。

中世と近世の社会を大きくわかつ一つの目安は、飢饉《ききん》が日常的であったか否かである。中世においては、『徒然草《つれづれぐさ》』や『方丈記《ほうじょうき》』、あるいは公家《くげ》の日記などからうかがえるように、飢饉が日常的出来事として人びとを圧倒していた。

ところが、中世末期になると、戦国大名はみずからの生き残りをかけて、防衛の拠点としての城郭《じょうかく》普請《ぶしん》を積極的におこなう一方で、急速に向上した土木技術や測量術を、富国のために積極的に活用し、鉱山開発や治水灌漑《ちすいかんがい》工事を進めていった。その結果、一六世紀末から一七世紀にかけて、従来は湿地

天保の大飢饉（『荒歳流民救恤図』）

帯であった大河川流域の平野地帯が、大規模な水田に生まれ変わっていった。その意味でこの時期は、いわば国土の大改造時代なのであった。

他方で、豊臣秀吉がおこなった、全国の土地を丈量《じょうりょう》し、その土地の保有者を現実の耕作者とした、いわゆる太閤検地《たいこうけんち》が農業に大きな影響を与えたのである。それまで地主に隷属していた下人《げにん》・所従《しょじゅう》といわれる小作人が、一人前の小農民へと上昇していき、そうした小農経営に適応した農具の技術改良が進められていった。その結果、耕作地の保有を認められた小農民は、農業に主体的に取り組むようになっていったのである。

かくして、耕地の飛躍的な増大と、出精《しゅっせい》する農民の増加により、農業生産力はいちじるしく増大し、近世になると、飢饉は数十年間隔でおこる非日常的な出来事になったのである。

もちろん、近世においても、たとえば享保《きょうほう》・天明《てんめい》・天保《てんぽう》の三大飢饉があり、それ以外にもたびたび飢饉がおこって、各地で多くの死者があった。とくに、東北地方での飢饉は諸書にみられるように悲惨なものがあった。

しかし、近世になって特に飢饉が喧伝された背景には、飢饉が非日常的な出来事であり、あってはならないことと意識されたからで、飢饉を招来させた領主は厳しく断罪されたのである。すなわち、飢饉が多くの記録に残されたのは、それが領主の責任問題として政治問題化したからなのであった。これにたいして、中世では、飢饉はほとんど日常的に頻発していたため、それが政治問題化して、政権担当者の責任問題になることは、まずなかったのである。

領主の責任意識

その結果、近世儒学の祖とされる藤原惺窩《ふじわらせいか》（一五六一～一六一九年）が、『逐鹿評《ちくろくひょう》』のなかで、「天下の主人のやく《（役）》は、万民を飢えず寒《こご》えずして、人倫を教《おしえ》て、善人を以て治めさするぞ」と説いているように、「飢えず寒え」ざるような状況をつねに維持することは、近世を通じて領主の第一の任務とされたのである。それは、幕初以来、幕府代官の第一の心得が、民衆を「飢寒《きかん》」から守ることとされていたことからも裏づけられるのである。

右に述べた生産力の増大は、近世になって人口の急増をもたらしたが、同時に、近世社会の新しい枠組みを形成させることになった。兵農分離の社会といわれるものである。すなわち、武士が城下町に集住させられ、吏僚として生産活動から離れて、いわば消費階級を形成しえた背景には、この時期の生産力水準のいちじるしい向上があったからなのである。

かくして領主は、政治の担当者として、「飢えず寒え」ざる状況を実現することが、その任務であり責任とされ、その実現こそが領主が領主としてあるための不可欠な条件とされたのである。

その任務は、たんに上から課せられたというだけではなく、民衆もまた領主にその実現を求めた。したがって、民衆は、領主がその任務を実現しているかぎり領主への年貢納入をはたし、実現されていないときには、民衆は一揆《いっき》や強訴《ごうそ》などの手段に訴え、その実現を要求したのである。そこには、領主と民衆とのあいだに、いわば契約的分業体制が成立していたといえるのである。

また、こうした武士の責任意識が成立した背景には、飢饉のような自然災害が、人の力（人知）で克服可能な問題なのだという考え方が、領主と民衆のいずれにも広範に成立しつつあったからなのである。

来世主義から現世主義へ

岡山藩主池田光政《いけだみつまさ》（一六〇九〜八二年）は一六五四（承応三）年の大洪水に際して、

当年の旱洪水《かんこうずい》、我等《われら》一代之《いちだいの》大難成《だいなんなり》、これを思ふニ、天ノ時ならバ我等能《よき》時分ニ此国《このくに》ヲ預り奉《たてまつ》り候《そうろう》条、人民ヲ救《すくう》ニ在、又我《またわが》悪逆《あくぎゃく》故《ゆえ》ならバ、天よりたミ《（民）》亡ヲ下シ給ハず、御戒《おんいましめ》と存候《ぞんじそうら》へバ有《あり》難事成《がたきことなり》、急度《きっと》改むべしと思ふ也（『池田光政日記』）

と宣言している。

つまり光政は、大洪水が、自然のめぐり合わせでおこったか、天の「御戒」でおこったかは関係なく、民の安寧維持が自己の責任である以上、自己の人知を尽くして改革に着手すると宣言しているのである。

すなわち、自然災害を恐るべきこととして、そこに天意をみるのではなく、人知によって克服されるべき問題だと、とらえるのである。中世の社会が、こうした自然災害にたいして、ほとんど「神仏」への祈願でしか対応できなかったことにくらべ、鋭い対比をそこに認めることができよう。つまり、政治が人間的世界の問題だと自覚されるようになったといえるのである。いいかえれば、近世は、政治的問題が人の主体的営為にかかわる問題であることを、人びとが認識するようになった時代でもあったのである。

かくして、飢饉の現実的な脅威が弱まるにつれて、人びとの現実にたいする期待が高まり、中世までの来世主義から、現世主義や現実主義といわれる傾向が強まっていった。

ちなみに、津田左右吉《つだそうきち》が、中世は「人間の万事は実は人間のしたことで無く、すべてが不可思議力のはたらきである」（『文学に現はれたる我が国民思想の研究』）と述べたように、中世は神仏の支配した世界であった。中世においては、自然災害や蒙古《もうこ》襲来といった非常事態にたいして、人はほとんど無力だと観念され、そうした事態は「神仏」に祈ることでしか回避できないと考えられていた。したがって、現実には人の行為であっても、それが可能であったのは、「神仏」の加護によると観念され、すべてが「神仏」の霊力に解消されてしまった。そのため、人の主体的営為を積極的に評価することができず、その結果、現実をどう生きるか、といったことが問題になることはきわめて少なかったのである。

ところが、戦国期になると、「来迎《らいごう》の阿弥陀《あみだ》は雲を踏みはづし」とか「彩色の仏《ほとけ》の箔《はく》はみなはげて」（『犬筑波集《いぬつくばしゅう》』）といわれるように、「神仏」を滑稽化する風潮が成立してきた。そうした動向のなかで、近世にはいると、初期の仮名草子《かなぞうし》『長者教《ちょうじゃきょう》』に、「てんぜん《（天然）》のみろく《（弥勒）》もなし、しぜん《（自然）》のしやか《（釈迦）》もなし、又かくれう《（覚了）》の御ほとけはあれども、さいしよ《（最初）》むきやう《（無教）》のほとけはなし」、「いのりても、くわほう《（果報）》はさらに、なきものを、わがふんべつ《（分別）》を、つねにたしなめ」と主張されるようになった。前者では、仏たちもまた修行によって悟道に達した存在として、人間的世界にひきずりおろされることになり、後者では、神仏に祈っても果報はないのだから、神仏に祈るより、自分の工夫や才覚をつねに鍛えよと主張されたのである。

かくして、現実を自己の力で切り開いていこうとする考え方が成立するとともに、現実をどう生きるかという問題が、新たに生じることとなった。社会的存在としての人の自覚が生まれてきたのである。すなわち、中世が神仏（天）への帰依《きえ》を基調にした社会であったのにたいして、近世は次第に人の力（人知）への自覚を高めていった社会なのだといえるのである。

階層間の多様な交流

さて、武士の消費階級化は、都市の発達をうながした。すでに中世後期に、城下町や門前町、寺内町、港町など、さまざまな形態の都市の発達がみられたが、近世にはいると、生産力水準の飛躍的向上と相俟《あいま》って、関所の撤廃や交通網の整備が進むとともに、領主が年貢米を現金に換える必要性もあって、商品流通経済が急速に発達していった。

その結果、流通の拠点としての都市が発達し、ようやく町民が一つの階層として重要な役割を担うにいたった。近世の主要な階層である武士・農民・町民の三つの階層が、ここに成立するにいたったのである。

その後、近世社会が安定化するとともに、やがて武士・農民・町民のそれぞれの結合様式にも大きな変化をもたらし、さらに、各階層内部や階層間の交流が頻繁になるとともに、人びとの対人関係を律する新しい社会的規範が要請されるようになっていくのである。

たとえば、中世までの対人関係は、ほとんどが血縁や地縁といった直接的人間関係を基軸に結ばれていた。しかし、近世になって広域的な商品流通経済が展開し、武士・農民・町民といった階層間の多様な交流が頻繁になるなかで、次第に血縁や地縁とは無関係な、ある意味で初対面の者同士が新しい人間関係を創出する必要のある場が飛躍的に増大した。そのため、いわば第三者的人間関係とでもいえるような関係を結ばざるをえなくなっていった。近世社会のなかで、「信」とか「誠」といった徳目が特に重視されてくるのは、そうした事情が背景にあったのである。

2　近世人の自国意識

学問的世界が開かれたとき

生産力水準の向上に基づくこうした社会的変化は、また、文化面でも新しい動向を現出させていくことになった。

中世後期以降、民衆は商業活動や村落運営の必要から、次第に読み・書き・算術の能力を獲得するようになってきていたが、そうした一般的な識字率の向上を前提にして、一七世紀半ば以降、出版活動が急速に発展していった。

中世では、出版活動は寺院などごく一部でおこなわれていたにすぎず、書物は筆写の形でしか流通せず、大量に広まることは少なかった。そのため、学問は朝廷の博士家や寺院内で閉鎖的に伝えられることが多かった。その意味で、中世は、学問にたいし閉鎖的な社会であった。

ところが、民衆の識字能力の向上と出版技術の発達は、安価で大量の書物を供給可能にした。その結果、ある程度の経済的、時間的余裕があれば、武士だけでなく農民や町民もまた自己の学問的欲求を満足させることができるようになった。その意味で近世は、学問的世界が開かれた社会になったのである。

また、出版活動の発達にともない、一七世紀後半には、本屋が各地に訪問販売に出向き、都市のさまざまな情報を伝達する、いわば情報中継者の役割をはたすようになった。その結果、参勤交代を通じて、地方に在住する諸藩の下級武士や諸職人・農民が江戸に出て、知見を広め視野を拡大させていくとともに、地方の知識人が、中央の情報をいち早く入手しうるルートが成立することになった。こうした条件により、地方での地域的文化圏が形成され、芭蕉などの全国行脚が可能になったのである。

他方、一七世紀後半以降、農書の出版は、農業技術の地方への伝播に寄与するようになり、往来物《おうらいもの》の出版は、婦女子用の絵入り雑誌類にまでおよび、民衆の識字能力をさらに向上させていった。

右のような出版活動の盛行にともない、書物の所有者が蔵書に蔵書印を押すことが一般的になってきたことに注目したい。蔵書印の慣行は、中国では、すでに唐代にはじまり宋代には盛行していた。一方、日本では、中世後期に僧侶などのあいだで広まり、出版活動の盛行にともない、ようやく近世になって盛行するにいたった。この両国での時間的差は、両国の文化的成熟度の差をある意味で象徴的に物語っている。すなわち、蔵書印を押すという行為は、書物の貸借《たいしゃく》がかなり頻繁になったことと関連すると思われるが、同時に、書物を重要視し、書物にたいする私有観念が高まってきたことを示している。蔵書印の慣行は、文化的成熟度の一つのバロメーターとしてみることができるのである。

かくして、一八世紀になると、何らかの文化的能力によって生計をたてる〝文人《ぶんじん》〟と呼ばれる人びとが、一つの階層として広範に成立してくる。その結果、さまざまな身分・階層の人びとが、それぞれの興味や関心にそって、学問や文化的活動に参加できるようになっていった。その裾野は、中世にくらべて圧倒的な広がりをもっていたのである。

自国意識の醸成

ところで、生産力水準の向上にともなうこうした文化水準の高まりは、一面で、近世での人間的自覚の高まりに支えられていたのだが、他方で、近世の人びとの自国意識をも高め、「民族」的な自覚を次第に醸成していった。そうした事情は、つぎのようなことからうかがえる。

近世初頭には、当時東アジア世界の最高の学問であり、外交文書作成の基礎的教養であった中国宋明の儒学が、舶来の学問として本格的に学ばれはじめた。また、一七世紀中葉には、中国の黄檗宗《おうばくしゅう》が伝えられて、多くの中国僧の渡来により、詩文・書画・建築・彫刻や料理・喫茶など幅広く明清時代の文化が伝えられることになったのである。

その際、こうした思想・文化が、そのままの形で無批判に受容されることは少なく、つねに日本の風土に適合させつつ、咀嚼《そしゃく》・変質されながら受容され、近世の個性的な文化を形成させていったことに注目したい。それが可能だったのは、近世になると自国意識の高まりのなかで、中国文化そのものが相対化されつつ移入されるにいたったからにほかならない。

花見にみえる自国意識

桜の花見は、近世になって庶民の花として定着していったが、一六四七（正保四）年には、儒者の那波活所《なばかつしょ》（一五九五〜一六四八年）が日本で最初の桜にかんする専門書『桜譜』を著わした。

活所は、その執筆意図として、中国では洛陽の牡丹《ぼたん》、西蜀の海棠《かいどう》が有名で、かつそれぞれの専門書がある。しかし日本では、それらに匹敵する花として桜があるのに、その専門書がないこと、また、日本と中国では土性が異なるため、日本では桜の名品があるが、中国にはないことをあげている。日中の文化比較のなかで、桜が日本の代表的な花として取りあげられているのである。

その後、山崎闇斎《やまざきあんさい》（一六一八〜八二年）が『桜之弁』で、「諸越《もろこし》にて牡丹を花王と云て、さしてさくらを用いざるにや」とか「我国の桜かくのごとし、諸越の桜桃はさくらの事にあらずと云人あれど然はあらず」と述べているように、つねに中国との対比のなかで、日本の桜が位置づけられているのである。

さらに貝原益軒《かいばらえきけん》（一六三〇〜一七一四年）は、桜の名所吉野を訪れ、全山を埋めつくした桜の美しさを嘆賞しつつ、つぎのように記している。

> およそ桜は雲すきに見えたるはあやなし、山のかたほとり、又谷そこにありて、むかひにすき間なき所にあるを見たるがよき也、此所の花は四辺の山のかたはら、谷のそこにあるを、たかき所よりのぞみ見て、たとへば大なる盆などの内を見るやうにぞ侍る、かうやうのめでたき見ものは、やまとには云におよばず、おそらくは見ぬもろこしにもあらじとぞ思ふ、其外のあだし《（夷）》国はさら也（『和州巡覧記』）

吉野の山を埋めつくした桜の景観は、「あだし《（夷）》国」はいうにおよばず、中国にも決してないだろうと益軒は主張しており、彼もまた活所や闇斎の立場を継承しているといえよう。

活所・闇斎・益軒に共通していえることは、一七世紀中葉の明清交代をへて、清による日本侵略の危険性が喧伝された時期に、一方で中国文明の優秀性を承認しつつ、同時に、それと同等の文化が日本にも存在することを主張している点である。三人の桜への言及が自国意識の高まりと密接にかかわっていたことが知られるのである。

右のような自国意識は、一八世紀以降さらに高まり、一八世紀後半の画家三熊思孝《みくましこう》は、みずから「花顛《かてん》」と号して桜を愛し、「桜は皇国の尤物《ゆうぶつ》にして異国にはなし。是をゑがくは国民の操ならむ」（『続近世畸人伝』）と述べ、桜が日本独特の花として特別に強調されている。こうした桜の強調の深まりは、近世での自国意識の高まりを象徴的に物語っている。

日中の文化的成熟度の格差は、かくして近世になると急速に解消し、一八世紀後半以降、中国と対等の関係を樹立せんとする志向がますます強まっていくのである。

次章以下では、右に述べたような近世の新しい動向をふまえながら、近世武士の日常生活と精神生活の両面に焦点をあてて考えていくことにしよう。

第二章　武士の生活を考える

1　日記から読む武士の素顔

二つの日記

近世では、ひと口に武士といっても、上は徳川将軍から下は足軽や武家奉公人までさまざまな階層にわかれ、その階層に応じて格式《かくしき》や公務の種類、収入などが多様で、それぞれの階層によって日常生活のあり方も千差万別であった。それだけではなく、近世はおよそ三〇〇年近くつづいたわけだから、一八世紀半ばを画期として前期と後期では、日常生活のあり方にもかなりの相違があった。

近年、社会史の流行や江戸文化の見直しによって、武士の生活にたいする関心が高まってきた。その結果、歴史研究者や歴史小説の作家たちにより、日記や記録類を素材にして、武士の日常生活が多く描かれるようになった。ただ、そうした史料は、多くが近世後期、とくに一九世紀のものが大半を占めるため、武士の日常生活の研究、作品は、時期的には近世後期のものがほとんどである。

しかし、近世の武士のあり方を全体的に理解するためには、後期だけでなく前期の武士のあり方を知ることも必要である。前期と後期を対比することで、武士社会において、何が変わり何が変わらなかったかを知ることができ、武士社会のイメージがより豊かになるはずだからである。

こうした理由から、本章では近世前期の武士の日常生活を描いていくが、すでに述べたように、武士といってもさまざまな階層があり、そのすべてを対象に具体的な記述をすることはとうてい無理である。だが幸いなことに、徳川御三家《ごさんけ》の紀州藩《きしゅう》（現在の和歌山県）には、家老である三浦為時《みうらためとき》（一六〇九～七六年）の『御用番留帳《ごようばんとめちょう》』（以下、『留帳』と略称）と、為時の侍読《じどく》兼医師であった石橋生庵《いしばしせいあん》（本名辰章、一六四二～?年）の『家乗《かじょう》』という二つの日記が残されている。すなわち、前者によって上級武士の世界を、後者によって下級武士の世界を知ることができる。それだけではなく、生庵が為時の侍読兼医師であったことから推測しうるように、この二つの日記によって、両者に共通した世界をも示すことが可能となるのである。

生活の実態

紀州藩は、徳川家康《とくがわいえやす》の第一〇男徳川頼宣《よりのぶ》（一六〇二～七一年）を開祖とするが、水戸領主時代および駿河《するが》・遠江《とおとうみ》（静岡県）領主時代に家康から分与された「御付《おつき》」衆が、家臣構成の中核をなしていた。それら「御付」のなかでもっとも有力な家臣が、付家老《つけがろう》の安藤《あんどう》・水野《みずの》両家と、これにつぐ三浦《みうら》・久野《くの》の両家をあわせた四家で、石高《こくだか》・格式など他の家臣にくらべて群を抜いていた。

三浦為時はこの有力家臣の家柄で、頼宣が紀州に入国するさい、父為春《ためはる》（一五七三〜一六五二年）とともに頼宣にしたがって入国した。為時は、為春の隠居後三浦家を継いで家老となり、一六五二（承応元）年に一万五〇〇〇石に加増された。『留帳』は、寛文年間（一六六一〜七三年）を中心にした為時の公用日記だが、公務のみを無味乾燥に記す後の公用日記のスタイルとは異なり、日々の日常生活など公務以外についても折にふれて書き留めており、上級武士の世界をかなり具体的に知らせてくれる。

石橋生庵は、一六四二（寛永一九）年に孫左衛門の三男として生まれた。養子にいった次兄は早く亡くなったが、父孫左衛門（奥仕《おくづか》え、主君の江戸参府中は留守居《るすい》）、長兄市左衛門（御使番《おつかいばん》）はともに三浦氏の家臣であった。生庵は、一一歳のころから儒学や医学を学び、やがてその能力が認められて、一六六七（寛文七）年から三浦氏に奉公し、為時とその子為隆《ためたか》（一六五九〜一七三二年）の二代にわたって出仕した。はじめ年二両の給金でしだいに加増され、一六七三（寛文一三）年五月、二〇石三人扶持《ぶち》の給金となり、一六九五（元禄八）年一二月にさらに一〇石を加増された。生庵が下級武士であったことは明らかである。

生庵の日記『家乗』は、全一九冊のうち三冊を欠くが、寛文初年に、それまで書き留めておいたものをまとめた部分をふくめて、一六四二（寛永一九）年から一六九七（元禄一〇）年までの記事が収められている。生庵の情報収集力はきわめて高く、政治・経済・社会・文化などあらゆる方面にわたっており、たんに生庵個人の生活だけでなく、広く当時の社会の実態が描かれているところに本書の最大の特色がある。

このような事情から、本章では右の二つの日記を使って、寛文期を中心にした一七世紀後半における武士の日常生活の実態を、できるだけ具体的に描き出していくが、まず本章の主人公となる三浦為時と石橋生庵について、両者の一族の来歴や家族の様子などをみておこう。三浦・石橋両氏が戦国から近世初頭にかけてたどった足跡は、譜代大名などの家臣となった多くの近世武士のそれに相通じるものがあると思われるからである。

2 三浦氏と石橋氏——上級武士と下級武士

鎌倉以来の名族

二九ページに掲げる図1は、「三浦氏略系図」である。この図によって、まず三浦氏の来歴をたどってみよう。

三浦氏の父系の祖は、戦国時代に東上総《ひがしかずさ》南部に勢力をはった正木《まさき》氏にはじまる。正木氏は、もとは桓武平氏《かんむへいし》の流れをくむ三浦氏で、鎌倉以来の名族である。系図ではこの部分は省略し、紀州藩三浦氏に直接つらなる時忠より記した。

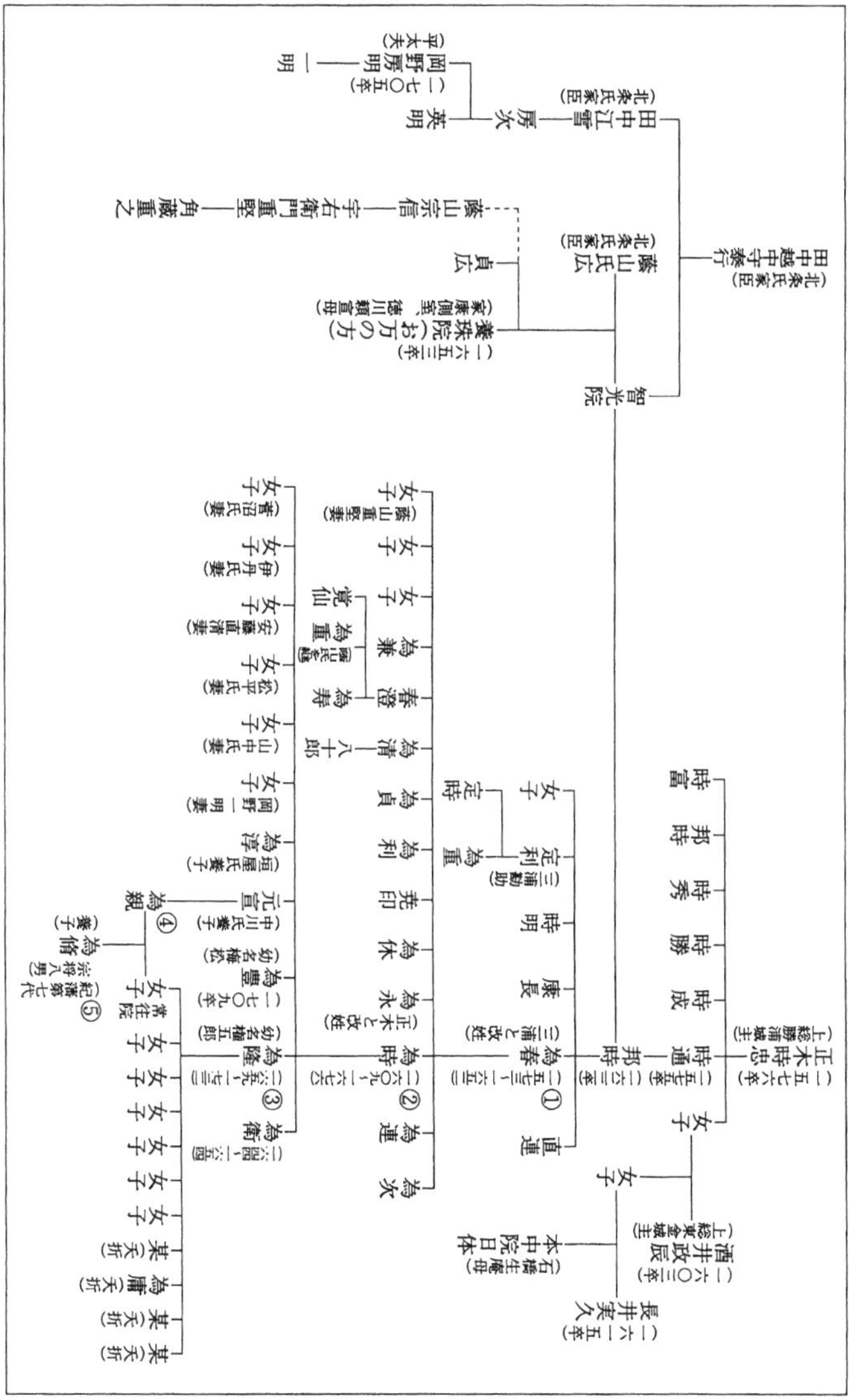

図1　三浦氏系図（『三浦系図伝』・『寛政重修諸家譜』・『紀藩家老三浦家の歴史』などにより作成）

時忠の時代の正木氏は、伊豆・相模・武蔵を勢力下におく後北条氏《ごほうじょう》と、安房《あわ》・上総《かずさ》（ともに現在の千葉県）を勢力下におく里見氏《さとみ》とのあいだで、時忠が後北条氏に、時忠の兄時茂が里見氏につくなど、生き残りに腐心していた。

しかし天正年間（一五七三〜九二年）にはいると、後北条氏の勢力が里見氏を圧倒し、一五七七（天正五）年には里見氏が後北条氏に屈して和議が成立した。さらに一五九〇（天正一八）年、豊臣秀吉が小田原を攻めて後北条氏が滅びると、正木氏の周辺も新たな時代を迎えることになった。すなわち、里見氏の没落によって、上総勝浦城主であった正木邦時・為春父子も、勝浦城を去って安房に移居することになったのである。

為春の新たな出発

為春は、一五九八（慶長三）年、徳川家康の側室養珠院《ようしゅいん》（お万の方）の推挙で家康に拝謁し、三〇〇〇石を与えられて、本姓の三浦に復した。

養珠院の母は智光院《ちこういん》といい、北条氏隆の養女として、正木邦時が小田原在住のとき、その許に嫁した。そのとき生まれたのが為春である。智光院は、邦時が小田原を去ったのち邦時と離別し、北条氏の家臣蔭山氏広と再婚した。このとき生まれたのが養珠院である。つまり、為春と養珠院は異父兄妹ということになる。養珠院は、家康とのあいだに二子を生む。一人は紀州藩祖となる徳川頼宣、もう一人は水戸藩祖となる徳川頼房《よりふさ》である。

為春は、一六〇三（慶長八）年、右のような縁から、頼宣が二歳で水戸藩主になると、その傅役《もりやく》を命じられた。ついで、一六一〇年、頼宣が駿河・遠江に移封されると、為春も遠州浜名で八〇〇〇石の領地を与えられた。大坂の陣では、為春も頼宣にしたがって出陣した。

その後、頼宣が、一六一九（元和五）年に紀伊・伊勢に移封されると、為春も頼宣にしたがって和歌山の那賀郡貴志《ながきし》の地に移った。為春は、一六二四（寛永元）年、病気がちなため隠居、定環と号し、為時に家督を譲る。一六五二（承応元）年、七九歳で世を去った。為春は文芸にも通じ、「あだ物語」を残している。

「大年寄役」に

為時は、一六一六（元和二）年、養珠院の部屋で、頼宣・頼房兄弟にはじめて御目見《おめみえ》している。その後、一六一九年、為春とともに和歌山に移った。一六二四（寛永元）年、為春とともに大御所秀忠・将軍家光父子に御目見し、同年為春の家督を継いで、一万石を与えられた。

ところで、為春は年来南光坊天海《なんこうぼうてんかい》と親しかった。天海が三浦氏の一族蘆名《あしな》氏の出身だったからである。そのため、為時はすでに一六一四年に天海に会っているが、さらに一六二四年、為春とともに日光山に詣で、天海から三浦家重代の海老《えび》錠《じょう》切の太刀を譲られた。為時の器量を見込み、三浦家の繁栄を願ってのことという。

一六三六（寛永一三）年、頼宣の付家老《つけがろう》安藤直治《あんどうなおはる》が死去した。そのため、為時は、もう一人の付家老水野重良とともに藩政の機務をとるように命じられた。また同年、江戸城で家光に拝謁し、一六四〇年には、江戸赤坂で安藤氏・水野氏とおなじ格式で屋敷を拝領した。さらに一六五二（承応元）年、為春が死去したため、その隠居料五〇〇〇石が為時に与えられ、都合一万五〇〇〇石となったのである。

為時は、こうして安藤・水野両氏とともに「大年寄役」をつとめることになった。その後、為時が「大年寄役」を辞去したのは、頼宣が隠居した一六六七（寛文七）年のことである。

為時の改宗

為春は、日蓮宗《にちれんしゆう》不受不施派日奥《ふじゆふせはにちおう》（一五六五〜一六三〇年）の熱心な信者であった。したがって、三浦氏の菩提寺坂田の了法寺は不受不施派の寺であった。

ところが、不受不施派は、法華経を信仰しないものからは供養を受けず、また、他宗の僧には供養しないという立場をとったため、近世になって、キリシタンと同様に幕府から厳しい弾圧をうけることになった。最初の弾圧は、一六三〇（寛永七）年のことで、幕府により不受不施邪義の裁決が下った。ただこの際は、為春がまだ存命中でもあり、大きな問題とはならなかったようである。

しかし、一六六五（寛文五）年から翌年にかけて、幕府は不受不施派にたいする全国的規模の禁教を強行していった。そうした状況下にあって、為時は了法寺を不受不施派にとどめておくことができず、一六六六年一二月三日、了法寺に天台宗《てんだいしゆう》に改めると通告し、天海の流れをくむ天曜寺雲蓋院《うんがいいん》の末寺として天台宗に改宗した。『留帳』には、この間の事情がつぶさに記されている。その様子を次にみていこう。

まず一二月三日の条につぎのごとくある。

今朝坂田了法寺へ使として大多和治右衛門指越《さしこし》候、秋田伊右衛門・松田見与をも相添《あいそえ》越《こし》申《もうし》候、是《これ》ハ、了法寺之法儀改《あらため》、天台宗ニ仕るべき旨申越候、口上ハ、不受不施之法儀、取分我等など之様成もの、たもちがたき事ニ候へバ、内々とく（疾）より存寄《ぞんじより》候へ共、一日〳〵と暮候、今程《いまほど》了法寺などハ、別成《べつなる》義《ぎ》もこれ無き様ニ申され候へ共、何と哉覧、とかく往々之義心元なく存候、尤《もっとも》左様之節迄《まで》ハ相待《あいまち》見《み》申すべく候へ共、其期に到て俄《にわか》に改候儀、結句如何候間、只今宗門改申すべくと存候、左《さ》候ハヾ旁《かたがた》由緒共これ有り候間、天台宗ニ改、則《すなわち》雲蓋院之御末寺ニ仕《つかまつ》るべくと存候

「我等など之様成もの、たもちがたき事ニ候」と述べられているように、今回の不受不施派禁教は、もはや為時クラスの者では手に負えない事態だった様子がうかがえる。その後、改宗の手続きが順調に整えられていった。そうしたなか、一一日の記事に、

一、了法寺之住寺今日出寺致され候

一、今晩夜ニ入、不受不施御《お》改《あらため》御《お》尋《たずね》之趣《おもむき》、江戸より書状書付到来、但、当月三日之日付也、

坂田住持へ法儀改《あらため》候《そうろう》段《だん》申《もうし》渡《わたし》候も当月三日也

とある。「何と哉覧《やらん》、とかく往《おう》々《おう》之《の》義《ぎ》心元なく存候」という為時の危惧が、間一髪のところで回避さ

れたのである。

為時の改宗は、『三浦長門守為時一生之勤有増覚』によれば、「拙者《せつしゃ》（為時）宗門《しゅうもん》改《あらため》儀《ぎ》、殊之外《ことのほか》御機嫌也」と記されており、主君頼宣を上機嫌にさせたことが知られる。為時の改宗が数年来問題になっていたことを物語っている。しかし、改宗後も、「日蓮宗関係の本尊類などは三浦家で保管し、了法寺住職の交代のときに住職は拝観にでかけた」（『紀藩家老三浦家の歴史』）といわれており、改宗は形式的な苦肉の策であったことがうかがわれるのである。

その後、『留帳』の一六六七（寛文七）年一月一四日の条に、

今日雲蓋院和歌五ヶ坊衆、あたご円じゅ院など御同道ニて、坂田了法寺へ御越、法事御修行、扨《さて》又坂田村百姓残らず、此度改宗仕候段、仏前において御披露、其上頭立候百姓五拾人斗《ばかり》振廻候由

とある。了法寺のある坂田村の農民が、村民すべて日蓮宗から天台宗に改宗させられている。農民個個の意向ではなく、領主三浦氏の政治的配慮によって、全村民の改宗が強行されたのである。

ところで、為時が「我等など之様成もの、たもちがた」しと観念したのはなぜだろうか。前年の一六六五年一二月二六日、為時は「いつものごとく」下馬口から「中小姓弐人、はさみ箱壱ツ、ざうり取壱人」を召し連れて江戸城へ入ろうとした。ところが、百人組の頭近藤貞用に供人が一人多いと指摘されたため、一人を返して登城した。この時、残した中小姓にその理由が次のように述べられたと

いう。「紀州ニてハ安藤帯刀・水野対馬両人之外ハ侍壱人宛ニ此比相《ころあい》ニ相定り候間、左様相心得候」と。すなわち、すでに述べたように、為時は、養珠院の縁故もあり、これまで安藤・水野両氏とおなじ格式で「大年寄役」を勤めていた。しかし、そうした由緒が、もはや通用しなくなりつつあったことがわかる。「何と哉覧、とかく往々之義心元なく存候」という為時の不安は、こうした事実をふまえていたのである。

為時の子どもたち

為時の長男為衛が生まれたのは、為時三五歳のことであった。ところが、為衛は一〇歳で夭折《ようせつ》してしまった。次男で後に嫡子となる為隆が生まれたのは、一六五九（万治二）年、為時五〇歳のことであった。その後三人の男子に恵まれたとはいえ、為隆の誕生は為時にとって大きな喜びであったろう。なお、為隆の弟たちは、為豊《ためとよ》は分家して紀州藩に仕え、元宣《もとのぶ》が中川正元の養子となって跡を継いだ。そして、為淳は垣屋秀政の養子となっておなじく跡を継いだ。また、六人の女子は、家老安藤直清や岡野平太夫一明をはじめ、いずれも紀州藩の上級家臣の妻となっている。為隆の誕生までは、三浦家に重苦しい空気が漂っていたと思われるが、為時の晩年は明るい雰囲気に包まれていたことが推測されるのである。

しかし、為時を継いだ為隆は、七二歳の比較的長寿を全うし、四男七女の子どもに恵まれながら、男子は次々に夭折してしまった。そのため、弟元宣の子為親（後に為恭）を娘（常往院）と結婚させ、跡を継がせた。だが、為親にも男子がなかったため、紀州藩七代藩主宗将《むねまさ》の八男を養子に迎え入れた。これが後の為脩である。こうして、為隆まで順調に家督を引き継いできた三浦氏は、為親を最後に、血族が途絶えてしまうこととなったのである。

有力武将――石橋氏の祖

石橋氏の系図は伝わらないので、『家乗』の記事を基に諸書を勘案して作成したのが図2（三八ページ）の「石橋氏略系図」である。この系図によって、石橋氏の来歴をたどってみよう。

石橋生庵の父方の祖は、史料でみるかぎり確実な人物として、戦国末期の石橋三郎左衛門をあげることができる。この人物は、「東金城明細記《とうがねじょうめいさいき》」によれば、「高三千石　大年老《だいねんろう》城より東門守ル石橋三郎左衛門尉　今二百五十石ニテ江戸四ツ谷廿五騎町ニ住居」と記されている。東金城は、戦国期に、東上総北部に勢力をはった酒井氏の居城のひとつで、この東金城によった酒井氏を東金酒井といい、もうひとつの土気《とけ》城によった酒井氏を土気酒井という。三郎左衛門は、右の史料によれば、東金酒井氏の宿老であったことがわかる。酒井氏は、一五九〇（天正一八）年の後北条氏の没落で領地を失い、徳川氏の家臣となるが、三郎左衛門も幕府に出仕したようである。

史料にみえる「廿五騎町」は、幕府の鉄砲百人組の一組である廿五騎組（江戸幕府の職名の一つで、若年寄支配のもと、江戸城大手三の門を守護し、将軍が上野や芝へ参詣の際、山門の前で警護にあたった役）のことをさす。江戸の古絵図をみると、四ツ谷あたりに百人組の屋敷地が散在している。

ところで、石橋生庵の父孫左衛門には、二人の兄がいた。長兄は、一六五二（承応元）年、下野《しもつけ》国壬生《みぶ》で死去した石橋三郎左衛門辰勝で、上総国東金本漸寺に葬られている。七七歳であったという。本漸寺は日蓮宗の寺院で、東金酒井の祖定隆の手厚い保護を受け、東金酒井の菩提寺であるとともに、石橋氏の菩提寺でもあった。次兄は、一六四七（正保四）年に江戸で死去した石橋五郎左衛門辰次である。

さて、本漸寺に葬られた人物のなかに、生庵の母本中院日体の兄酒井能実がおり、この人物は、一六六二（寛文二）年、死去している。また、伯父三郎左衛門の養子となったと思われる生庵の次兄も本漸寺に葬られている。こうした事実から、生庵の父孫左衛門ら三兄弟は、戦国末期の石橋三郎左衛門の子どもたちだと推定できるのである。

この石橋三郎左衛門にかんしては、東金酒井の二代目隆敏の時代に、「大永六（一五二六）年十二月十五日（中略）東金勢之大将、石橋三郎左衛門・栗原兵部介、謀状ヲ認メ、城中へ矢文ヲ射ル」（「土気東金両酒井家伝」）と登場しており、一六世紀前半にはその存在を確認できる。また、隆敏の母は、東金酒井の祖定隆の妻で、その父は「石橋三河守某」（『寛政重修諸家譜』）と記されている。「石橋三河守」がどういう人物か不明だが、石橋氏がこの地域の有力武将であったことが推測できるのである。

つぎに生庵の母方を考えてみたい。本中院の父は、もと武田氏の家臣で、後に家康に仕えた長井実

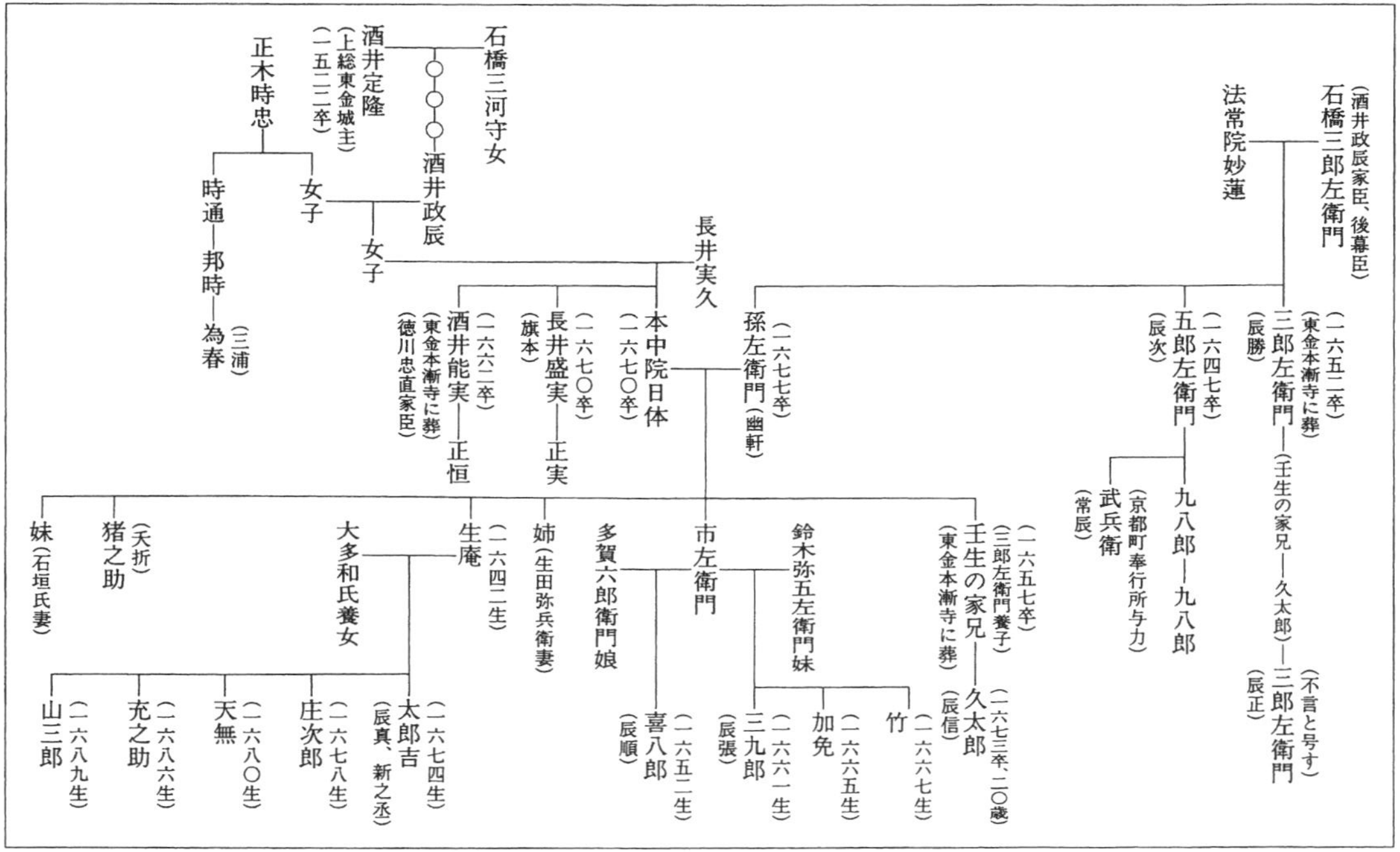

図２　石橋氏系図（『家乗』・『寛政重修諸家譜』などにより作成）

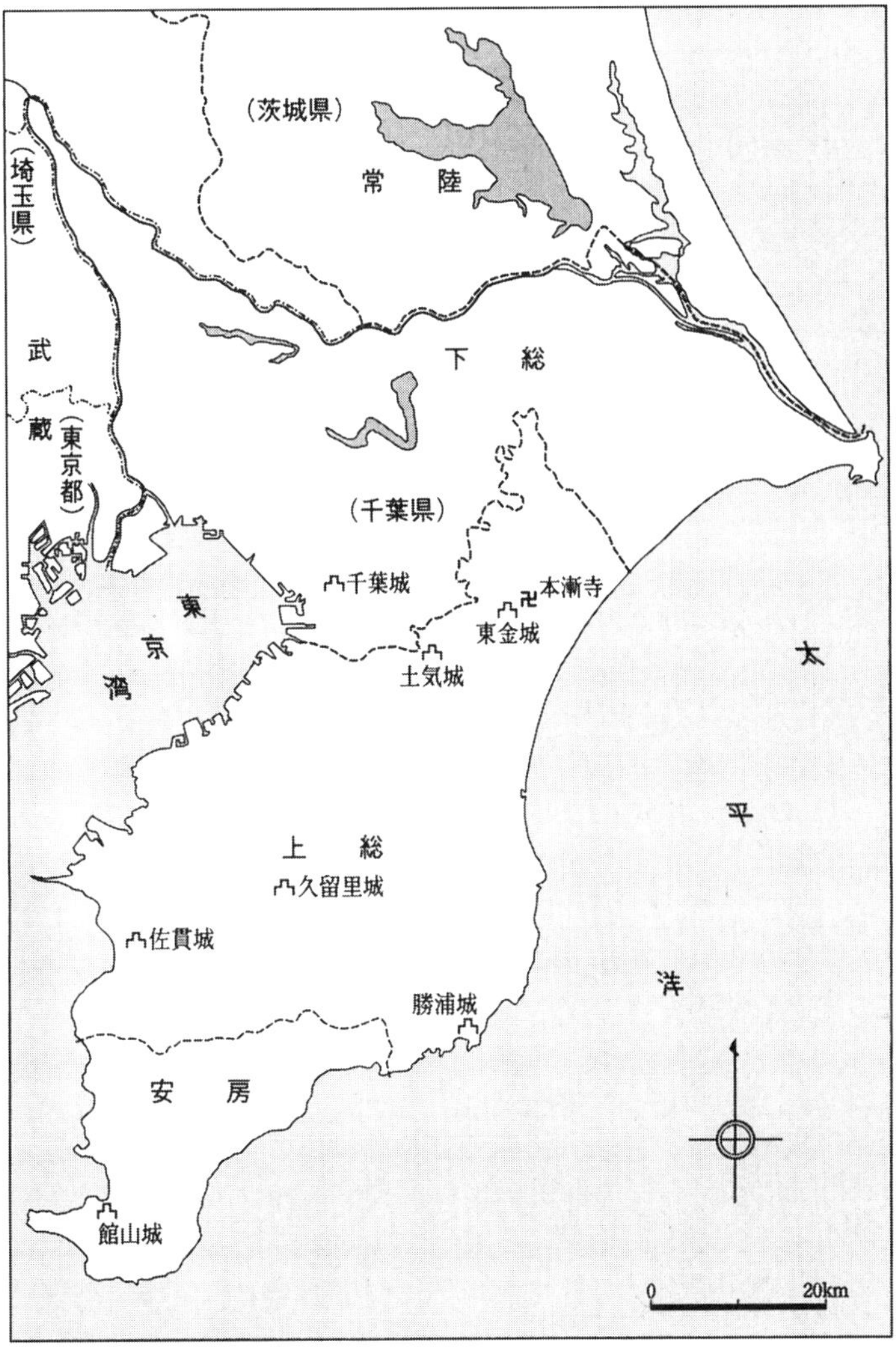

中世末の千葉県とその周辺

久で、母は東金酒井の五代目政辰の娘である。本中院の兄能実は、政辰の娘を母とし、後に政辰の養子となって、徳川忠長に仕えた。すなわち、生庵は、右に述べたように、父方・母方とも上総の名家東金酒井氏と深いつながりがあったのである。

生庵の家族

生庵の父孫左衛門は、一六三八（寛永一五）年に三浦為時のもとに出仕した。孫左衛門が三六歳のとき、生庵がまだ生まれる前のことであった。生庵の長兄市左衛門は、一六五〇（慶安三）年に為時の家臣となった。当時「年俸二十石」で、この年、為時の家臣鈴木兵之介の妹を主君の命で妻としている。市左衛門の長男喜八郎は、成人して三浦氏の家臣となり、次男三九郎は、為時の子で中川氏をついだ元宣の家臣となった。

生庵の伯父五郎左衛門には二人の男子がおり、跡目を九八郎がつぎ、五郎左衛門と名乗った。生庵は九八郎に、一六六八（寛文八）年七月、江戸ではじめて会っている。両者はその後、生庵が参勤で江戸詰の際には、頻繁に訪問しあっている。

五郎左衛門の次男は武兵衛常辰といった。常辰は、一六七〇年、京都西町奉行雨宮正種の与力として上京した。その後、正種をついだ能勢頼宗、井上重次の町奉行時代も、ひきつづいて京都にとどまって与力をつとめている。生庵は、一六八七（貞享四）年四月二四日、「二条井上志州《重次》与力屋敷」の常辰を訪問している。常辰は、生庵にとって京都関係の情報提供者でもあったようである。

伯父三郎左衛門の跡目は、生庵の次兄が相続した。しかし、生庵の次兄は、一六五七（明暦三）年に三五歳で死去し、その子久太郎辰信も一六七三（延宝元）年、二〇歳で死去した。久太郎は、「壬生領小金村蓮行寺法華宗」で「火葬」され、「遺骨」は、「上之総州東金本漸寺」に送られている。遺骨のみ石橋氏本家の菩提寺本漸寺に送られたことがわかる。久太郎の跡目は不明だが、結局石橋辰正なる人物がついだようである。生庵は、この石橋氏とも親密な交際をつづけているのである。

生庵の母方の親類では、酒井氏との関係が特に親密で、頻繁な手紙のやりとりや、江戸での交流が知られる。特に、酒井能実の子で、幕臣酒井正武の養子となった正恒や、本中院の異父兄で幕臣の長井盛実の子正実らとの交流が知られる。

つぎに、生庵の子どもらにふれておこう。生庵は、一六七二（寛文一二）年、三浦氏の用人大多和氏の養女と結婚し、四男一女をもうけた。長男太郎吉は一六七四（延宝二）年に誕生し、その後、一六七八年に庄次郎、同八〇年に天無《てむ》、同八六年に充之助、同八九年に山三郎が誕生している。この四男一女は、疱瘡などにかかりながらも、全員無事に成長している。その成長の様子はあとでふれることにする。

最後に、石橋氏の子孫にもふれておこう。『南紀徳川史』は、一八〇七（文化四）年に七六歳で死去した石橋順庵について、「姓石橋、名辰明、号竹渓、通称順庵、三浦氏侍医、傍《かたわら》書を善くす（中略）一里山久成寺境内に葬」と記す。また、『紀藩家老三浦家の歴史』に収められた、一八四三（天保一四）年の三浦家家臣団の史料に、「教学所頭取」と「御医師」の両項目に「石橋諄道」の名があがっている。石橋氏の子孫が近世後期まで三浦氏に出仕していたことが知られるのである。

三浦氏の遠縁石橋氏

三浦氏と石橋氏の来歴を中心にみてきたが、つぎに両氏の関係を探ってみよう。図1と図2をみていただきたい。三浦為春の祖正木時忠の娘と、東金酒井氏の五代目政辰が結婚し、ふたりのあいだに生まれた娘が生庵の祖母である。すでに述べたように、生庵の父孫左衛門の祖とも考えられる「石橋三河守」の娘が、東金酒井氏の祖定隆の妻であったことを想起すれば、石橋氏は、東上総で勢威をはった酒井氏を介して、おなじく東上総で勢威をはった正木氏ともつながっていたことが知られる。孫左衛門が、一六三八年に三浦為時に出仕したのも、こうした血縁、地縁関係をふまえてであった。

徳川頼宣に出仕し、急速に知行高を増加させた三浦氏は、それに見合った家臣団を創出する必要があった。そうした際に、自己の本貫地上総に深いつながりがあり、そのうえ何らかの血縁関係があったとすれば、まことに都合がよかったのであろう。石橋氏の立場からすれば、そうした血縁、地縁をたよっての就職活動が実を結んだといえる。

近世の譜代大名や旗本などは、徳川家の天下統一の過程で、急速に知行高を増加させていった。そのため、それぞれの家臣団を急激に増加させる必要があった。これらは、天下統一の過程で没落していった武田、今川、後北条などの戦国大名の家臣らによって補充されていったのであろう。そうした場合に、三浦氏と石橋氏のあいだでみられたような、血縁や地縁的関係が重要な役割をはたしていたと思われる。

また石橋氏は、近世にはいって、石橋氏の同族間ではいうまでもなく、酒井氏や長井氏ともつねに密接な関係を維持しつづけていた。三浦氏もまた、養珠院を介しながら、同族間の結束を深めるともに、婚姻関係を通じてより幅広い同族団的結合を強めていた。そのためには、しきりに手紙を取り交わしたり、祝宴を開いて旧交を温めるなどのことが必要だったのである。

右のような同族団的ヨコの結合は、万一改易にあったときなどに、強い救援組織ともなりえた。そのため、この同族団的結合は、一藩内にとどまることなく、藩をこえたより広い範囲で結ばれるとき、一層その役割を高めたといえる。

だが、主君の側からは、そうした結合は必ずしも好ましくなかった。一例をあげてみよう。

生庵の父孫左衛門は、一六六〇（万治三）年二月、酒井氏から養子依頼の手紙を受け取った。この養子依頼は、酒井氏の「女婿矢野千庵毛利甲州に医を以って仕」の家を継がせるものであった。生庵は当時一八歳、すでに医学をある程度修得しており、おそらく生庵を養子にということであったのだろう。孫左衛門が承諾していれば、生庵は長州藩の支藩長府藩に医師として出仕することになったのである。

しかし、孫左衛門は、同年六月に、「吾邦、家臣之子弟他邦に往くを禁ず、故に応諾し難き者也」と返書し、この件を断った。この返書から、当時紀州藩では、藩をこえて養子縁組することが禁止されていたと推察される。つまり、主君の側では、同族団的結合が他藩にまたがることなく、なるべく藩内のみで完結することが期待されていたといえる。右のような事実は、武士社会内部で、上下間に、一定の内部矛盾があったことを知らせてくれるのである。

さて、これまで述べてきたように、三浦・石橋両氏の先祖は、戦国期にはともに東上総を根拠地に活躍した武将であった。だが、その後の動乱のなかで、両氏はともに紀州という、上総からは遠く離れた地に居を移すとともに、石橋氏が三浦氏に仕えることで、新たに主従の関係を結ぶことになった。近世の武士の多くは、右の三浦・石橋両氏のように、その出身地や家格・身分をこの時期に大きく変化させながら、新たな生き方を模索していったのである。

そのため、近世前期の段階では、武士間の上下の関係を必ずしも所与のものとみなさない考え方が根強かった。

たとえば、一八世紀はじめ、老年におよんだ隠士盛正が、武士のあるべき姿を書き記した『武士としては』のなかで、

> 下々なり共、あしざまに云ふべからず、敵をも口きたなく云はぬものなり、当時下々となることは仕合次第なり、いか様の筋目いかなる志ある者かも斗りがたし、下と見ては、猶ほ慎み油断すべからず

と述べているように、なお、武士間の上下関係を「仕合次第」、つまり運次第とする考え方が強く残

っていたのである。

だが、一八世紀に入り、三代、四代と代を重ねるなかで、武士社会での家格差や階層差は、次第に自明なものと意識されていくことになったのである。

3　家老と武士の一日

番方と役方

近世社会は、将軍や大名が家臣団を軍事的に編成しつつ、その軍事力を背景にして、農民や町民を統治する体制からなっていた。そのため、近世の家臣団には二つの役割が与えられることになった。一つは番方《ばんかた》とよばれ、もう一つは役方《やくかた》とよばれる職掌である。幕府を例にして少し説明しておきたい。

まず番方について。一八世紀前半に成立した、幕府番方役人の勤務ぶりなどを皮肉った「番衆《ばんしゆう》狂歌《きようか》」の冒頭に、

御小姓組　御書院　新御番
大番　小十人　これ五番方

とある。つまり、小姓組番、書院番、新番、大番、小十人組が、幕府の基本的な番方衆であった。番方は、いわば平時の常備軍で、幕臣を軍事的に編成したものである。その職務内容は、江戸城中の警

衛、将軍出行《しゅっこう》時の供奉《ぐぶ》や警備、遠国への御使い、京都（二条城）・大坂（大坂城）・駿府の在番、江戸府内の巡察などであった。

これにたいし、幕府の行政・裁判を担ったのが役方であった。譜代の大名から選ばれ、内外の政務のほとんどを統轄する老中を筆頭にして、若年寄、大目付、さらに寺社・勘定・町の三奉行などがいた。一七世紀半ばごろに、幕府の統治機構が整備され、他方で、近世社会が一定の安定をみるようになると、行政の重要性がしだいに高まってきた。その結果、役方の役割が番方にくらべて高まるとともに、幕府の政務機構も多様化していくことになった。

諸藩でも、幕府のこうした機構がほぼ踏襲され、類似の家臣団編成が採用された。

出勤は午前八時——紀州藩の服務規定

家老三浦為時の勤務ぶりをみていく前に、当時紀州藩では、城中での服務規定がどうなっていたかをみておこう。

つぎは、一六六六（寛文六）年に出された「会所定書《かいしょさだめがき》」の一部を現代文に直したものである。これによって城中での寄合《よりあい》の様子を知ることができる。

一、寄合場へ出仕する諸役人は、朝五つ時（午前八時）に出揃うこと。
一、年寄中（家老）が用談中は、次の間で大声で話をしてはいけない。
一、用談中は、無用の雑談をしてはいけない。

一、年寄中が公用で側近く呼んだとき、互いに先を譲りあっては公務が滞《とどこお》るので、決してしないこと。

一、用談中思いついたことを遠慮せず申せ。

一、諸役人は、怠慢心で公の場から身を隠さず、定めの座に詰め、御用の妨《さまたげ》をするな。

一、御用のある者は、さしあたっての用がすみしだい退出すること。

なお、史料の表題にある「会所」は、幕府の評定所《ひょうじょうしょ》に相当する。当番の家老を中心にして、他の数人の家老や用人《ようにん》、寺社・勘定・町の三奉行、目付、番頭《ばんがしら》が寄合い、藩政の重要問題を討議・裁断する機関である。

ところで、寄合に出席する者にたいして、一六四四（正保元）年に、つぎのような規定が出されている。これも現代文に直しておこう。

一、奉行人・用人・町奉行は、一五日交替で当番を定めて寄合に出席し、当番が公用の申し達しを行ない、隙番《あきばん》の者も相談があれば加わること。

一、目付の面々は、一五日交替で当番を定めて寄合に出席し、当番が公用の申し達しをすること。ただし、番にはいままでどおり加わること。

一、目付の者は、寄合に二人ずつ出席し、御用の様子しだいで他の者も出仕すること。

一、番頭は、寄合に二人ずつ出仕し、御用の様子しだいで他の者も出仕すること。

右の規定から、寄合は当番の諸役人が出席して討議されたことが知られる。ちなみに寄合は、三日、一一日、二二日の月三回が定例で、急用などがあった場合、当番の家老邸などで開かれることになっていた。寄合では、国中の訴訟や町中の訴訟、あるいは番衆からそれぞれの組頭《くみがしら》に出された願書などが、まず所轄の奉行や用人・番頭のもとに出され、そのあと寄合で吟味《ぎんみ》・裁決がおこなわれた。重要事項は藩主の直裁を仰いだうえで、当番の家老が担当の奉行・用人・番頭などに申し渡し、さらに、担当の役人によって下に申し渡されていく構造になっていた。

ところで、右の記述からも推測されるが、当番の者は、とくに責任がきびしく問われた。たとえば、一六四一（寛永一八）年の「御条目《ごじょうもく》」に、「当番不参の輩《ともがら》は、其の年の知行召上げらるべき事」とか「当番の面々、指当《さしあたり》急用これ有る時分、番頭・横目《よこめ》（目付のこと）に断らずして罷出《まかりで》る儀、改易《かいえき》（知行没収）たるべき事」とある。これは番方役人の場合とみられるが、無断欠勤や上司への無断退出がきびしく取り締まられていたことがうかがえる。

家老の主要任務

藩の家老は、幕府の老中に匹敵し、藩主を助けて藩政を執行する立場にあった。その点は、頼宣の次の言葉に端的に示されている。「老中《（家老）》は諸役〳〵の惣もとなれば、御公儀の御勤事、御家の作法、御国の御政道あるべき事を知らずしては、時に臨《のぞみ》事に応じての指引《さしひき》つかゆる事あるべし」（『南龍公訓諭』）、つまり、江戸での奉公、紀州藩の家臣団統制、紀州藩の民衆支配、以上の三点が家老の主要任務だというのである。右のことを念頭におき、家老三浦為時の勤務ぶりをみていこう。

紀州藩では、すでに述べた安藤・水野・三浦・久野の四家のほか、数名の者が家老職に就任し、交代で当番にあたった。一六六四（寛文四）年当時の家老は、右の四名のほか、渡辺若狭守直綱《わたなべわかさのかみなおつな》（〜一六六八年）、加納五郎左衛門直恒《かのうなおつね》（〜一六八四年）の計六名であった。

たとえば、一六六五年は、頼宣が病気静養のため一年間紀州に滞在していたが、この年の当番は、安藤直清《あんどうなおきよ》（〜一六九二年）と三浦為時がほぼ一月ごとに交代で勤めた。また為時は、五月二五日から六月二六日までと、一二月八日から翌年一月一〇日までの二回、殿様の参府延期御礼の使者として、江戸に出府している。六月と一二月は為時の当番にあたっており、幕府への重要な使者は、当番の家老が勤めたことが知られる。

ところで、前年は、直清、為時、久野宗俊《むねとし》（〜一七〇六年）の三名が一月ごとに交代で当番を勤め、為時は、五月に当番をしたあと、当番の渡辺直綱が病気のため、翌閏《うるう》五月にも連続して「助番《すけばん》」を勤めた。つまり、この段階では、月番制のような制度上の整備は、なおじゅうぶん実現されていなかったことがうかがわれるのである。

「草臥申候」

さて、為時の日常的な勤務状況はどうだったか。為時は、寄合のある月三回は、当番の有無にかかわらず午前八時に出勤し、他の諸役人と藩政にかかわる御用を討議・裁決した。御用の少ないときは午前一〇時ごろ、多いときは一二時から午後二時ごろまでにいったん帰宅し、午後は再度藩主のもとに御目見《おめみえ》に出かけ、午後四時ごろに帰宅した。寄合日以外も、通常は午前一〇時ごろに出勤するのがふつうであった。当番のときには、家臣の役替や跡目相続などの申し渡しをした。このように、午前中に藩政にかかわる勤務を終え、午後は藩主のもとに御機嫌伺《うかが》いのため再度登城するのが日課になっていた。

そのほか、藩主の代参のため、和歌浦《わかのうら》の東照宮《とうしょうぐう》や藩主家の菩提寺《ぼだいじ》などに参詣したり、普請場の見廻りに出向いた。また、御三家の紀州藩には、平常でも幕府からだけでなく、諸大名や公家・僧侶など多くの使者が来城したが、そうした使者の応対も家老の職務になっていた。

こうみてくると、家老の職務は、比較的に時間的余裕があるように思われるが、必ずしもそうとばかりはいえなかった。たとえば、一六六五年三月の末ごろから頼宣が病気となり、同年九月ごろまで不快な状態がつづいた。この時期為時は、昼夜二度の御機嫌伺いに参上し、午前八時から午後一〇時ごろまで出仕していることが多かった。また、頼宣の病気見舞いのため、幕府をはじめ諸大名や公家・僧侶などの使者の来城が頻繁で、その応対も大変であった。たとえば、聖護院《しょうごいん》の宮が、九月に頼宣の病気平癒の祈禱に和歌山を訪れたさいには、一五日に聖護院の宮を送り出したあと、「拙者儀散々草臥申候故《さんざんくたびれもうしそうろうゆえ》、今晩ハ罷《まか》り出ず候」と記し、夜分の殿様への御機嫌伺いに参上しないこともあった。見舞い客などの応対で心身ともに疲れきった様子がよくわかる。

さらに、この年四月には、徳川家康の五十年忌のため、和歌浦の東照宮での神事祭礼が盛大におこなわれ、その用意などでいっそう多忙になっていた。なお、帰宅後の来客は、多くが藩主への願書の取りなしを願う家臣たちで、その応対も家老の重要な職務であった。

家老にとって、殿様が参勤交代で江戸へ出府《しゅっぷ》する道中もかなり気苦労の多いものであった。殿様はふつう途中の宿を午前八時ごろ出発するのだが、為時は午前四時ごろ、早いときは午前二時ごろには出発し、先導役を務めた。道中には当然不測の事態もおこった。たとえば、一六六三（寛文三）年三月、頼宣にしたがって参府途中のこと、徒歩《かち》渡りのため東海道第一の難所とされる大井川《おおいがわ》にさしかかったとき、大井川の水かさが異常に増していた。そのため、まず殿様を先に渡河させ、殿様は午後八時ごろに藤枝《ふじえだ》の宿に到着した。しかし為時は、「拙者ハ川端《かわばた》ニ相残り、夜ニ入候迄《いりそうろうまで》下々川こ（越）させ、夜之八《やつ》時分（午前二時）ニ藤枝へ参着」したのであった。行列の者をすべて渡河させ、藤枝の宿へは午前二時になってやっと到着したのである。

大井川の水がいつも多いわけではなく、一六六五年六月、殿様参府の御使いとして江戸へ出たときには、「大井川あさく（浅）帷子《かたびら》着ながら渡」ったこともあったが、つねに不測の事態に対処する心構えが必要だったのである。

欠かせない御礼廻り

ところで、家老の重要な職務として、幕府にたいする奉公があった。参府中の年賀のときは、どのような勤務ぶりであったのだろうか。

藩主も将軍との関係からいえば家臣なので、元旦には頼宣が午前八時には江戸城に出勤し、午前一〇時ごろに帰宅するのがふつうであった。しかし、為時は午前六時ごろには出勤し、江戸城に詰めて、殿様の帰宅後も残り、「御ながれ頂戴」して、昼ごろに紀州藩中屋敷《なかやしき》に帰った。そのあと、殿様や親族のもとに参上し、上《かみ》屋敷に寄って、午後二時ごろいったん帰宅した。しかし、すぐ支度をして、今度は老中方の屋敷へ御礼廻りに参上し、ようやく日の入前に帰宅した。

翌二日は、御三家の尾張《おわり》や水戸《みと》、譜代《ふだい》の名門井伊《いい》家などへの年賀に参上し、三日は、他の諸大名や紀州藩の重臣たちの屋敷へ年賀に出向いた。幕府の年中行事は、年賀のほかにも多かったが、殿様が登城するときはつねにその御供をし、登城しないときもたびたび名代《みょうだい》として江戸城に登城し、下城後はつねに老中などへの御礼廻りが欠かせなかった。江戸での勤め方は、細心の注意が必要だったのである。このようにみてくると、家老の公務はその種類がかなり多く、時間的余裕がつねにあったわけではないことがよくうかがわれよう。

生庵の出仕

石橋生庵は、一六六七（寛文七）年九月二〇日、三浦為時の中小姓《ちゅうごしょう》（主君に近侍して雑務にしたがう職務）として正式に召抱えられた。しかし、一〇月二三日には、学問に励むことが命じられ、一二月一六日には、奥向きに勤める者の例にならって、髪をそることが命じられ、同月一八日、為時より生庵の号を与えられた。生庵は、こうして三浦氏の医師兼侍読《じどく》役を勤めることになった。ただし、生庵が武士としての自覚をもっていたことは、生庵が武士の命ともされた刀剣を、一年に数回は必ず研師《とぎし》に研磨させていたことをあげておけばじゅうぶんであろう。

さて、生庵の公務は、主君三浦氏のそれと比較して、はるかに単純なものであったが、それでもかなり多方面にわたっていた。そこで、まず最初に生庵の生涯の出仕状況を鳥瞰しておこう。

生庵は、『家乗』の一六六七年九月二五日の条で、「是より殿中出仕は白圏《はつけん》を以てす」と記し、つぎの日より三浦邸へ出仕した日には○印をつけるようになった。この○印は、これ以降、『家乗』の最後となった一六九七（元禄一〇）年まで付されつづけた。そこで、この○印の有無を手がかりにして作成したのが次ページにかかげた「石橋生庵殿中出仕日数表」である。この表1によって、生庵の生涯にわたる出勤状況がある程度までうかがい知られるのである。

しかし、この○印は、生庵が「殿中」つまり主君三浦氏の屋敷へ出仕したことを示すもので、後に述べるように、必ずしも生庵の勤務全体を示すものではない。また、白圏が朝夕二回（これがかなり多い）ないしは朝昼夕三回の場合もあるが、表作成の便宜上、白圏は一日何回あっても一回として計算している。そうした点を考慮したうえで、表1によりながら、生庵の出仕概況をみていこう。

生庵の公務は、主君の側近くに陪侍して、医師兼侍読役を勤めるのが中心であった。特に最初の主君為時の時期は、その傾向が顕著であった。為時の死去する前年の一六七五（延宝三）年までは、年

11月	12月	閏　月	A	B	C(%)	D	備　　考
17	20		65	117	56		9月25日より殿中出仕は白圏にて示すとあり
			117	178	66		6月16日、為時・生庵江戸参勤
			111	178	62	9	4月14日帰国、9月14日為時生庵江戸参勤
25	26		208	266	78		3月8日帰国、8月28日母死去、服喪、10月15日伯父死去
24(5)	22(3)		307	354	87	10	
15(7)	18(5)	閏6月、20	280	384	73	13	2月6日姉死去
15	19(9)		241	354	68	15	8月3日～9月8日父病気
20(4)	22		226	354	64	9	8月25日～9月16日父病気、9月27日妻出産
16	22	閏4月、28	304	384	79	9	11月1日為隆婚姻
18(2)	17		176	354	50	12	3月8日為隆江戸参勤、11月11日為時死去、11月末為隆一時帰国、12月14日為隆免喪
15(3)	11(3)	閏12月、15	163	384	42	15	1月16日～4月12日為隆江戸参勤、3月8日父死去、服喪
12	(3)		186	326	57	24	11月22日為隆生庵江戸参勤
19	15(7)		128	267	48	51	4月16日帰国、9月4日～25日為隆生庵龍神温泉
(9)	(16)		48	118	41	46	4月22日為隆生庵江戸参勤
			2	30	7	29	8月27日帰国(天和1年9月1日～天和3年12月末日　欠本)
(10)	(3)		39	89	44	39	3月3日為隆生庵江戸参勤
17(3)	18		104	266	39	21	5月24日帰国、12月6日為隆江戸参勤
11(4)	6	閏3月、10	174	284	61	20	1月30日帰国、12月7日～翌年1月12日　太郎吉ら三子疱瘡
8(9)	19(4)		184	355	52	19	4月19日～5月5日為隆生庵京都へ
(5)			102	265	38	12	2月29日為隆江戸参勤、9月3日生庵江戸参勤
18	11	閏1月、(2)	98	237	41	29	4月23日為隆生庵帰国(生庵この日より病欠)、12月6日為隆江戸参勤
10(8)	17		147	354	42	28	2月5日為隆帰国、6月1日～12日　為隆生庵京都へ、8月23日～9月15日瀬戸紀行
26	21(6)	閏8月、18(4)	244	384	64	45	2月12日新之丞(太郎吉)出仕
(3)	(13)		31	59	53	48	2月28日為隆生庵新之丞江戸参勤
			2	29	7	9	5月25日帰国(元禄6年6月1日～元禄7年12月末日　欠本)
13(3)	13(5)		168	355	47	37	
	(1)		93	236	39	27	3月1日為隆新之丞江戸参勤、9月1日生庵江戸参勤
14(1)	10	閏2月	82	237	35	39	5月18日帰国
313	307	91	4030	7198	56		
76	78	6				615	

	1月	2月	3月	4月	5月	6月	7月	8月	9月	10月
寛文7(1667)									4	24
8	28	26	21	17	16	9				
9				12	13(9)	27	22	28	9	
10			17	27	23	26	25	25		14
11	29	29	23	26	23(2)	26	27	25	27	26
12	25	10	24	27	26	22(1)	21	24	21	27
延宝1(1673)	24(1)	18	24	27	27	21(5)	23	10	17	16
2	24	15(3)	20	18	19	12	23	22(1)	13(1)	18
3	23	18	24	26	23(1)	26	30	25	19(8)	24
4	23(3)	11		2	5	17(4)	26	19	20(2)	18(1)
5	11	3		11(1)	16(1)	14(3)	15(4)	15	20	17
6	17(5)	15	14(5)	15	12(3)	23(2)	22	19	18(6)	19
7				6	21	6(18)	18(2)	23(4)	11(2)	9(18)
8	19(1)	12(7)	7(1)	10	(1)		(3)		(8)	
天和1(1681)	(2)		(7)	(14)	(3)	(3)		2		
貞享1(1684)	17(3)	20	2	(3)			(4)	(11)	(4)	(1)
2	(3)				4(1)	8(8)	10	10(6)	19	18
3	12	16	17	13(1)	13(2)	13(1)	14(6)	13	18(6)	18
4	12(1)	21	26	13(1)	12(3)	15	14	16	17	11(1)
元禄1(1688)	17	16	11(6)	10	14	10	8	14	2(1)	
2		(1)		(7)	11(4)	15	15	8(8)	12(1)	8(6)
3	6	20	16(4)	15	14	3(9)	14	11	10	11(7)
4	20	11(12)	16(1)	15(3)	18	11(8)	21	28	27(1)	12(10)
5	20	11(5)			(6)		(9)			(12)
6		(4)		(1)	2(4)					
8	17	14	11(3)	14(1)	7(15)	15	18	17	15(3)	14(7)
9	17(1)	20(2)	12(2)	6(11)	7(4)	13	8	10		(6)
10	(11)		(3)	(2)	5	12(5)	11(3)	12(4)	13	5(10)
月間総出仕日数	361	306	285	310	331	344	385	376	312	309
月間総病欠日数	31	34	32	45	59	67	31	34	43	79

表1　石橋生庵殿中出仕日数表　（　）内は生庵の病欠日数、Aは年間殿中出仕日数、Bは年間殿中出仕可能日数（例えば、寛文7年は9月より出仕したので、9月から12月までの日数をさす。また、寛文8年は6月16日に江戸へ出立したので、1月から6月までの総日数を示し、7月以降は削除。以下同様）、Cは出仕日数の出仕可能日数に占める割合（A/B×100）、Dは年間病欠日数。『家乗』により作成。

間の殿中出仕日数の割合が七〇〜八〇パーセント前後と、高い数字になっているのである。ところが、為時が死去し為隆の時代となった一六七六年以降、その割合は若干の例外をのぞいて四〇〜五〇パーセント前後と急速に減少している。為時・為隆時代のこの差は何を示しているのだろうか。

たとえば、『家乗』の記事をみると、為時のころは侍読や侍講《じこう》の記事が特にめだつが、為隆のころにはそうした記事が急減していることがわかる。その理由の一つに、為隆が「新君」となった時点ではかなり若かったことがあげられよう。若い為隆が、侍読や侍講より、同輩を招いた祝宴や芝居などの芸能鑑賞により興味を示した様子は、『家乗』の記事から推測できる。元禄年間（一六八八〜一七〇四年）に入ると、次第に侍読や侍講の記事が多くなることもそれを裏づけている。

しかし、生庵の殿中出仕日数の減少は、主君の代替りといった理由だけではなく、生庵の勤務内容の変化とも深くかかわっているようである。

宿直が常態

生庵は、為時が死去した一六七六年に三四歳になっていた。表1の病欠日数からも知られるように、生庵はこの当時、奉公にも慣れ、健康状態も良好だった様子がわかる。『家乗』によれば、一六七六年の九月ごろから翌年にかけて、ほとんど一日おきに「朝帰」と記され、宿直が常態になっていたようである。この「朝帰」は、宇治の別邸にいた為時の側近くに仕え、宿直を勤めていたようである。

この時期は、病気がちな為時への奉公に加え、翌年三月に死去する生庵の父孫左衛門も、次第に病気が重くなりつつあったのである。

すなわち、一六七六年から翌年にかけて、白圏数が急減したのは、宇治の別邸への出勤や父の看病と死去後の服喪《ふくも》が原因であったことがわかる。別邸への出勤は、白圏がつけられなかったからである。ちなみに、三浦氏はふつう月に数回、屋敷に同輩を招いて祝宴を開き、生庵もその席に陪侍することが多かったが、このときには白圏がつけられていない。生庵は、そうした場での陪侍は、出仕と意識していなかったようなのである。

さて、生庵は、為時への出仕直後から、為時の弟為清などに『大学《だいがく》』の教授をしていた。ついで為隆の代になると、為隆の弟たち、為豊・元宣・為淳のもとを訪れ、侍読や侍講をおこなうようになっていた。また、三浦氏一族の者が病気になると、頻繁に診察にも出かけている。しかし、こうした勤務は白圏の対象になっていなかったのである。

さらに生庵は、為時の晩年にはじまった三浦家の系譜作成にかかわっていたが、それにとどまらず、中川氏や垣屋氏の家譜作成にあたったり、『家忠日記』など諸書の校合《きょうごう》にも従事していた。白圏がないのに、「辰時出申時帰」といった記事がしきりに出てくるのは、こうした三浦邸への出仕以外での出勤をさすのである。

ところで、生庵の病欠状況をみると、一六七八年ごろから急増し、特に一六七九年には二〇日近くにおよぶ病欠が二度もある。一六八一年九月から一六八三年末までの二年あまりが欠本なので、この時期は不明だが、一六七八年以後の数年間、生庵が体調をくずしていたといえよう。

その後、しばらくは生庵の体調は比較的安定していたが、一六八九（元禄二）年以降、ふたたび不安定になっていったようである。生庵の三〇代後半が前者、四〇代後半から五〇代が後者の時期にあたっている。また、欠本の前年はいずれも病欠日数が多くなっており、欠本が健康状態と何らかの関係をもっていたのかもしれない。

いずれにしても、三〇代後半以降、生庵の健康状態がやや不安定になっており、出仕日数の減少がそのことと何らかの関わりをもっていたことが推定できるのである。

なお、病欠が四～六月の夏期と一〇～一二月の冬期に比較的多く、とくに冬期がめだっており、もっとも多い病欠の理由が「風邪」であったことは、冬期の寒さへの対処が難しかったことを示している。

右の検討から知られるように、生庵の出仕日数が、為隆時代に急減したのは、生庵の勤務内容が多様化したためであること、つまり、生庵の表面的な出仕日数が減少しただけで、実質的な出勤状況には大きな変化はなかったと考えられる。すなわち、生庵の勤務は、為時晩年ごろの厳しい出仕のあり方が標準的であったといえるのである。

主君が不在のときに

それにしても、一六八八年の前半は、例年にくらべて生庵の出仕日数がとくに少ない。なぜだろうか。この時期、為隆は江戸にあり、生庵は和歌山にとどまっていた。生庵は、こうした主君不在の時期、為隆の弟たちのもとに侍読にいくこともあったが、おおむね気楽だったようで、同僚や子どもと芝居見物や寺社参詣などに出かける記事がめだっている。為時や為隆が、藩主不在のときに比較的余裕のある生活をしていたとおなじく、生庵もまた、主君不在時には余裕のある生活を享受していたことが知られるのである。

生庵の公務の全体像が、これまでの記述である程度イメージしていただけたかと思う。そこで以下では、生庵の個々の公務ぶりについて具体的にみていこう。

学問の力

まず、生庵の公務遂行を可能にした学問修養の様子からみていこう。

生庵の学問修得の様子を示すため、『家乗』の記事から抜き出してまとめたのが表2（二二四ページ）である。この表2によって、生庵の学習過程をたどってみたい。

生庵は、一六五二（承応元）年、一〇歳のときはじめて『大学』を、ついで『論語《ろんご》』『中庸《ちゅうよう》』『孟《もう》子《し》』を学習している。その際、朱子が「学なるもののワクであり、規模であり、綱領であるところの『大学』をとくに重んじていた」こと、あるいは、朱子学では、「少くとも学問の順序として、『大学』→『論語』→『孟子』→『中庸』の順に読まるべき」であったとされること（島田虔次『大学・中庸』）

から、生庵が朱子学的勉学方法にしたがっていたことがわかる。

しかし、一六五三年の後半から一六五六（明暦二）年にかけては、もっぱら医書中心の勉学をおこなっている。それは、生庵が陪臣《ばいしん》の三男という立場にあったため、何らかの活計の道を求める必要があったことに起因していたからであろう。そのため、医を業《なりわい》とした石川氏について学ぶことになったのである。

石川氏は、三浦氏の家臣で、かつ医を業としながら、生庵のような下級武士を教育していたと考えられる。当時、儒者で医師を兼ねることは、広く一般におこなわれていた。また、生庵は、一六五三（承応二）年三月三〇日に『古文真宝』（『古文』）を後に三浦氏の家臣となる小出半之丞《こいではんのじょう》に学んでいる。

右の二つの事実は、当時すでに、生庵のような下級武士の子弟教育を担う人びとが紀州藩にいたことを物語っている。生庵もまた、後で述べるように、三浦氏に出仕するかたわら、門弟をとって教育活動に従事していたのである。

生庵は、その後、一六五七（明暦三）年一〇月一八日、出仕見習についたためか、一六六〇（万治三）年まで、修学記事がみえない。しかし、石川氏が一六五九年に死去し、翌年、生庵が川村徳源の「門生」となってから、生庵の修学記事がめだって多くなる。その内容は、『詩経《しきょう》』『礼記《らいき》』『易経《えききょう》』『書経《しょきょう》』『春秋《しゅんじゅう》』のいわゆる五経であり、その後、次第に『中庸』や『大学』の本格的な修得へと進んでいる。講義への出席日数の多さは、生庵が本格的に儒学修得に励んでいたことを物語っている。

生庵のそうした修学の成果が、一六六二（寛文二）年二月二〇日の条にある、生庵自身による『孫子』講義なのであろう。生庵はこうして、医学や儒学を修め、やがて三浦氏に侍読や医術をもって奉公することになるのである。

生庵のこうした修学と出仕は、一七世紀半ばの時点で、下級武士の子弟などが、何らかの活計の道を見いだしていくうえで、学問が一つの大きな力となっていたことを物語っている。先に述べた生庵の師川村徳源が、もとは泉州淡輪《たんのわ》村の地士川村喜左衛門重治の子でありながら、紀州藩の儒者李梅渓《りばいけい》（豊臣秀吉の朝鮮侵略時の捕虜で、紀州藩の儒者となった李真栄の子、～一六八二年）の養子となり、後に梅渓の跡目を相続した事実も、そうした事情の一つの例証になるのである。

医師生庵

さて、つぎに生庵の医師としての活動ぶりをみてみたい。為時は、すでに一六六一（寛文元）年には、「寸白《すばく》」という寄生虫が原因で足腰が痛む「持病」をかかえていたが、生庵は医師としてこうした主君為時の治療にあたっただけでなく、三浦氏の家族や同族、家臣団の治療にもあたっていたようである。そうした生庵の医師としての活動は、つぎの事実からその一端をうかがいみることができる。

一六六九（寛文九）年八月二八日、用人から医師として守るべき規定である「医之律十一ヶ条」を示され、同僚の松田見与《まつだけんよ》、伊藤立元《いとうりゅうげん》と三人でこれを熟読し、不満の点があれば申し出るように命じられた。そこで翌日、午前八時に出勤して午後八時まで議論をし、内容を決定し、「誓詞《せいし》并《ならびに》判形《はんぎょう》」

を加えてそれを用人に提出し、午前○時に帰宅した。こうした史料はめずらしく内容も面白いので一部をそのまま引用しておこう。

一、惣《すべ》て医者ハ、内証(奥向)迄も出入《でいり》仕《つかまつる》儀《ぎ》ニ御座《ござ》候《そうろう》間《あいだ》、其奥方ノ作法《さほう》仮初《かりそめ》ニも沙汰《さた》仕《つかまつる》間敷《まじく》候、尤《もっとも》、其家ノ女ノミめ形(見目)之善悪ハ少々も語《かたり》申《もうす》間敷《まじき》事

一、女ノ病人これ有る時、脈取候とて少《すこし》も執心《しゅうしん》ノ心持を手ニても目にても言葉にても風情にても、毛頭《もうとう》仕間敷事

一、病証之義又ハ養生之仕様《しよう》、心底ニ存《ぞんずる》通《とおり》有様《ありよう》ニ申すべく候、少もつゝみ候て当座《とうざ》ノあいさつ能様《よきよう》ニ少も軽薄申間敷事、畏《かしこ》み奉り候、併《しかしながら》病人に対し脈躰悪《みゃくたいあし》ク病証重候ても、脈も能《よく》候間、折角《せっかく》養生仕候様ニとあいさつ仕候ハて叶《かな》はざる儀時々御座候

この条の「畏み奉り候」以下は、生庵らが医師の立場から付け加えた部分であろう。

一、虚病者《きょびょうもの》これ有る節、其身又ハ親類、好身《よしみ》ノ者ニ頼まれ実病之由申間敷事

一、身躰能者《しんたいよきもの》か又ハ其身ために能者ノ病人ニ頼まれ候節ハ、あなたこなたとはつし、見廻《みまい》をも疎《おろそか》ニ致し、脈、医書ノ考、薬種をも麁相《そそう》ニ仕らず、万《よろず》高下分かたず同様ニ念ヲ入《いれ》療治仕るべき事

このほか、律義に念を入れて診察せよとか、重病人などの病状をありのままに述べよとか、病人のあるところへは何時でも遠慮せず往診に行くようにといった項目が記されていた。生庵が三浦氏の家臣などの診察にあたっていたことが知られるのである。

落書の侍読も

次に侍読の勤めについて述べよう。三浦氏は、午前・午後は公務についていたので、生庵の侍読は、平常は夜間におこなわれた。ただし、生庵は午前八時ないし一〇時ごろには三浦邸に出勤していた。侍読の書物は、『論語』『孟子』などの儒学書、『空海伝』や『元亨釈書《げんこうしやくしよ》』などの仏教書、『源平盛衰記《げんぺいせいすいき》』や『太閤記《たいこうき》』などの軍記物のほか、『剪灯新話《せんとうしんわ》』のような中国の小説、『竹取物語《たけとりものがたり》』や『大和物語《やまとものがたり》』などの日本の古典をはじめ、同時代に生きた井原西鶴《いはらさいかく》の『好色一代男《こうしよくいちだいおとこ》』などの好色物や武家物など、詩集、歌書、俳諧書《はいかい》、芸能、地誌などきわめて多方面におよんでいた。

注目されるのは、こうした書物とならんで、紀州藩の二代藩主光貞《みつさだ》（一六二六～一七〇五年）の悪政を痛烈に批判した「批判経《ひはんきよう》」や「長保寺通夜夢物語《ちようほじつやゆめものがたり》」などの落書《らくしよ》のたぐいが取り上げられていることである。これらは、一六七八～七九（延宝六～七）年に為時の子為隆のために侍読したものだが、為隆は一六七八年の時点で一九歳であったことに注意したい。為隆は、こうした落書を読ませることで、おそらく藩政への批判がどういった点に向けられているかを学ぼうとしたからだと推測されるからである。

その点は、一六八一（延宝九）年四月四日に、為隆が生庵に、五代将軍綱吉《つなよし》の代始めの親裁で有名な越後《えちご》騒動（越後高田藩でおこった御家騒動）を扱った「越後騒動根源記《こんげんき》」を読ませ、それを後に取り上げさせていることからも裏づけられる。こうした問題は、家老である為隆にとって無関心ではいられなかったからなのである。

「一寸の暇を得ず」

ところで、生庵は毎日の出勤時間を書いていないので、不明な点もあるが、ほぼ午前一〇時ごろまでには出勤していたようである。生庵の主要な職務は、医師であり侍読であったが、主君が屋敷にいるときは、おおむねその御側《おそば》近くに勤仕していた。

したがって、三浦邸で主君の同輩などを招いた祝宴が開かれたさいには、そうした席にも陪侍《ばいじ》しているのがふつうであった。そのため、主君の期待に応える必要もあってか、当時流行になりつつあった俳諧を学び、忍斎《にんさい》の号を名のったり、儒者として出発しながら、やがて寺院での講義に積極的に参加して、仏教の知識拡大に努め、また、算学などの勉強にも取り組んでいた。そのほか、主君の御使として他家へ出向くこともしばしばあった。そして、祝宴があったときには、帰宅が深夜になることも多かった。

また、三浦氏は、為時の晩年から三浦家の系譜作成をはじめ、為隆もその事業を引きつぎ、一六八〇（延宝八）年に完了した。この作業は、最初生庵の兄市左衛門と小出半之丞が命じられ、紀州藩の儒者で生庵の先生でもあった李梅渓の援助をえながらおこなわれたが、系譜の校合や清書の中心的役割を担ったのが生庵であった。この間一六七五年一二月に、生庵はこれを主君為時に侍読したこともあった。

さて、生庵が主君のために侍読した書物は、先に少しふれたように多岐にわたっていた。そうした書物は、主君から与えられることもあったが、自らあらかじめ知見を広めておき、主君の要望に即座に応えることが必要であった。そのため、生庵の読書は、きわめて広範囲にわたり、かつすこぶる多く、侍読書の数倍以上あったとみられる。

だが、当時ようやく出版活動が隆盛に向かいつつあったとはいえ、書物は高価で、生庵がそれらをすべて購入することはできなかった。生庵はそこで、主君から拝借したり、友人・知人から借りて筆写し、あるいは、本屋の貸本を利用したりしていた。当時、本屋が京・大坂から訪問販売にきて、その地の情報を生庵にもたらしていることは興味深い。

こうみてくると、生庵の職務がかなり繁忙であったことが知られる。

その結果、たとえば、一六七一（寛文一一）年一〇月三日の条に、「近日世事繁冗《はんじょう》にして、口に詩を吟ぜず、巻を披《ひら》くこと無し、渾《すべ》て廃学に到る、尤《もっと》も恨むべきの甚しきものなり」とあり、また一六七五（延宝三）年八月一日の条に、「此の間、日夜宇治（三浦氏の別宅）に事《つか》え、一寸の暇《いとま》を得ず、幾《ほとん》ど廃学に到らんとす、不孝と謂《い》うべし」とあるように、当時生庵は、公務などの俗事に忙しく、詩を作ったり、うたうことも、書物を読むこともできず、本格的な学問を中断せざるをえないような状態にいたっていたのである。

為時への『論語』講義

生庵は、一六六四（寛文四）年六月二八日に、紀岡與次兵衛を「門生」とし、また、一六六七年の為時への出仕直後、為時から学問に励むことを命じられた。生庵の修学が認められたからであろう。同年一二月一日からは、為時に『論語』の講義をはじめている。生庵のこうした門弟教育や主君への侍講の記事をまとめたのが表3（二二七ページ）である。この表を参考にしながら、生庵の侍講と門弟教育の様子をみたい。

儒学を学んだ生庵にとって、主君への儒学書講義は、もっともやりがいのある勤務だったにちがいない。その意味で、出仕直後にはじまる為時への論語講義には相当な力がはいったことであろう。

他方、為時にしてみれば、生庵に論語の講義をさせることで、その力量をみようとしたとも考えられる。その点は、為時への論語講義の開始後一〇日目に、「権五郎（為隆）公に大学を教授奉るべきの命有り」とあるように、生庵が為時の長子為隆への『大学』教授を命じられていることからも推察できる。生庵の力量が、為時に認められたからだと思われる。

為時への論語講義は、全部で一九回におよび、さらに、『大学』『孟子』『中庸』の講義がつづけておこなわれている。その後も、為時に『大学』や『論語』の講義をおこない、また為時の弟為清の子に『大学』を講義するなど、侍講がつづけられた。そして一六六九（寛文九）年五月二九日には、「昨日より命を奉り、四書を権君に授け奉る」とあるように、為隆への「四書」教授をおこなうにいたったのである。

為隆には、その後二十数年をへた一六九一（元禄四）年七月から九月にかけて『論語』を、また、一六九六年一〇月から一二月にかけては、『書経』の侍講をおこなっている。すでにふれたように、この間為隆の弟たちへの侍講もつづけられており、侍講が生庵の主要な勤務のひとつであったことが知られるのである。

ちなみに、生庵は、一六九七年閏二月七日に、『大学』や『論語』から侍講にふさわしい章を「抄出」せよと命じられている。生庵はこの時期、娘の結婚問題がこじれ、謹慎を命じられていた。そうした状況にありながら、為隆から侍講にふさわしい箇所を「抄出」せよと命じられているところに、生庵がいかに信頼されていたかが、うかがえるのである。

必須の教養

門弟への講義は、侍講とは異なって、生庵の公務とはいいがたい。しかし、生庵の日常生活を考えるうえで見逃しえないと思われるので、つぎに生庵の門弟教育をみていこう。

生庵は、すでにふれたように、一六六二年二月二〇日に、鈴木氏に『孫子』を講義している。しかし、生庵の門弟教育が本格化するのは、先にふれた紀岡與次兵衛以降で、表3にあるごとく、根来半三郎、佐左衛門、和田宗徳、横地氏、竹内氏、岩田兄弟などの名が次々とあげられている。

根来半三郎や岩田兄弟は三浦氏の家臣の子弟、和田宗徳は「三十石取」の本藩家臣であることから、生庵の門弟は、三浦氏の家臣やその子弟が中心で、それ以外に本藩家臣や三浦氏以外の陪臣の子弟などもふくまれていたようである。

また、横地氏や竹内氏にたいしては、一六六七年一月から六月まで、『論語』の講義が頻繁におこなわれている。

ところで、生庵は、同年一一月一日に、為時の侍医兼侍読役であった松田見与に『論語』を講義している。おそらく、為時が生庵の力量を試したものであろう。

右の事実から、生庵は、門弟への講義を実践するなかで実力を蓄え、為時の眼鏡に適《かな》うまでにいたったことが知られるのである。

生庵は、為時への出仕後しばらくは、江戸への供奉《ぐぶ》がつづいたこともあり、為時や三浦氏一族への侍講に専念していたようで、『家乗』に門弟の記事はみえない。しかし、一六七〇年以降は、ふたたび門弟への講義が開始されたようである。

一六七三（延宝元）年の田中氏にたいする『大学』講義や、翌年の習庵にたいする『中庸』や『詩経』の講義は、門弟への講義がかなり密度の濃いものであったことをうかがわせる。その後も、一六八五（貞享二）年九月から翌年四月にかけて、石井門平に『論語』や『大学』を講義している。

生庵は、『家乗』によって、一六八四年三月から翌年五月まで江戸にいたことがわかるので、帰国後の九月から石井門平への講義を開始したことが知られる。為隆は、一六八五年一二月から翌年一月末まで江戸にあった。つまり、生庵はこの時期、時間的にかなり余裕があったと推測され、そうした時間的に余裕のある時期に、門弟への講義をおこなっていたのである。同様のことは、一六九六（元禄九）年三月から八月にかけて、為隆が江戸にいる間に、永原金平のために『大学』『中庸』『論語』を講義していることからも明らかである。

さて、一六九七年四月一三日の条に、「家脈のため文選《もんぜん》を授けおわる」とある。ここでは、誰に授けたかが記されていないが、おそらく嫡子新之丞（太郎吉）にたいしてであろう。つまりこの条は、『文選』にたいする生庵の読みを、家学として新之丞に伝授したことをさすのである。

右の推測は、同年四月一七日の条に、「文選の朱点おわる」とあることや、一六九六年の後半から翌年にかけて、生庵が諸士のために、しきりに『文選』を教授していることが参考になる。すなわち、生庵が『文選』教授を得意にし、『文選』にみずから「朱点」をつけるまでにいたっていたことがわかるからである。

ちなみに、漢学的素養は、一七世紀後半以降、武士にとっての重要な教養になりつつあった。特に五代将軍綱吉が好学で、昌平黌《しょうへいこう》で『論語』などをみずから講義した結果、この時期には、武士にとって必須の教養として重視されるようになった。それは、三浦氏がしばしば催した祝宴の席で、漢詩文の応酬がさかんになっていたことからも知られる。生庵が諸士に漢詩文の講義をしているのも、右のような事情が反映しており、生庵がもっとも得意としたのが『文選』だったのである。

生庵が、『文選』を新之丞に伝授したのは、侍読役として重要な知識を伝えることで、いわば家職の継続性を確保しようとしたからであろう。一家の記録である『家乗』が、この一六九七年をもって終わっているのは、新之丞の出仕と参勤供奉が無事終了したことに加え、生庵が得意にした『文選』の伝授が終了したことにより、生庵が一家の中心としての自分の役割が完了したと考えたからと思われるのである。

誤診、遅刻、ミス——微罪での謹慎

ところで、『家乗』には、しばしば「罪を負って出でず」といった記事がみえる。これはどういう事態をさすのだろうか。『家乗』のそれに関連する事項を拾ってまとめたのが表4（一三三ページ）である。これにもとづいて、具体的事例にふれながら、その意味や理由を考えてみよう。

最初の一六六二（寛文二）年の例では、鈴木氏の「屏居」に連座するかたちで、生庵の父孫左衛門が「閉居」している。この場合、「閉居」が一四日間と、比較的短い。一六六九年七月の例では、兄市左衛門が四日間の「屏居」になっている。これはもっと短期間である。

同年一一月には、生庵が為時の「怒」りにあい「出でず」とある。途中で「侍読」してはいるが、「温言」をえずと記されている。勤務はしているのだが、二二日間にわたって不安定な状態が継続している。なぜ「怒」りにあったのかは不明である。一六七〇年一〇月の事例でも、出仕はしているが、主君への拝謁は許されていない。

右に述べたように、こうした事例では、理由が不明な場合が多く、期間もまちまちであるが、つぎに、理由が判明するいくつかの事例をあげてみよう。

一六七一年三月の例は、おそらく誤診であろう。一六八四年五月と一六九〇年一二月も同様である。最後の事例は、同僚の伊藤立聞が誤診したためであろう。

一六七一年八月の例は、遅刻が原因で、一六七二年一月の例は、生庵自身の病気が原因なのであろうか。同年五月の例は、生庵の師李梅渓が、「長保寺御寄付状」に誤って「脱字」したためである。紀州藩の祖徳川頼宣は、この前年に死去し、長保寺に葬られた。おそらくこれに関係した文書執筆にミスがあったのであろう。

ところで、一六七五（延宝三）年三月二二日、孫左衛門が、「祝髪之事《しゆくはつ》」を「老臣」に伝えたのみで、主命を得ずに「落髪」した。そのため、市左衛門・生庵兄弟が「督責」され、生庵は、出仕はつづけたものの「侍側を許」されなかった。この事件では、生庵が侍読を再開するまでにほぼ五ヵ月間かかっている。孫左衛門が隠居を許され、「幽軒《ゆうけん》」の号を賜ったのは、それから一ヵ月後の八月二二日のことであった。孫左衛門は、このとき七五歳であった。

老齢の孫左衛門が隠居することに不都合があったわけではなく、主君為時に直接許可を得なかったことが問題だったのであろう。為時は、このとき六六歳、翌年に死去している。為時にとって長年仕えた孫左衛門が去ることは淋しかったのであろう。おそらくちょっとした気持ちの行き違いが原因であって、主命に背《そむ》くといったようなことがあったとは思われない。しかし、そうした気持ちの問題であっただけに、その修復には半年もの時間が必要だったのである。これに似た事例が一六七〇年六月のものである。

封建官僚としての作法

一六七七年七月の例は、三浦氏の家臣鳥場権兵衛が、為豊にしたがって了法寺に赴いた際、帰路の船に妻子を便乗させたことによる。公私混同が問題になったのである。同年九月の例は無断欠勤であろう。その前日、三浦氏の家臣で、兄市左衛門の妻方の実家鈴木氏宅で、子どもの「魚食初」があった。生庵は招かれて饗応をうけている。おそらくそのために無断欠勤したものだが、翌日も出仕はしており、翌々日の一八日にはもう許されている。

一六七九年七月の例は、按濃小兵衛が槍術《そうじゅつ》を学べとの主命を、病気と偽って断りながら、剣術を習っていたことが露見し、「蟄居《ちつきょ》」させられたものである。主命に仮病で答えたためか、四ヵ月ちかく赦《ゆる》されていない。

一六九一年四月の例は、「平生酒を飲み行跡宜しからざる」原田茂太夫が、紀州藩を「追放」処分となり、生庵の同僚沢井氏が「原田茂太夫酔狂」によって「罪を負」った事件である。生庵も原田氏と付き合いがあったようで、一日だけだが「罪を負って出でず」と連座している。これは本藩への体面をつくろった処分であろう。

一六九三年四月の例は、生類憐《しょうるいあわ》れみ令にかかる処分で、一六九五年八月の例は、平生の「勤仕宜しからず」との理由、一六九六年二月の例は、失火が原因である。同年七月には、「罪を負」い、「近習」から「歩卒」に降格された例がある。

一六九七年七月には、久しく「屛居」中の鏡氏が赦されているが、生庵は「其故を知らず」と記している。同僚でも理由が不明な場合があったようで、一六九一年七月の例も同様である。おそらく、右のような軽罪の場合、本人かその周辺にしか理由が知らされず、他の人びとにはわからないことの方が多かったのであろう。

これまでみてきたように、「罪を負って出でず」といった際の処分理由には、誤診や遅刻、本人の病気、書記官としての失敗、主命違反、公私混同、無断欠勤、仮病、連座、平生の勤務不良、失火などがあった。その処分期間は、半年にわたるものもあったが、多くは一ヵ月以内で、数日の場合もみられた。生庵にそくしていえば、罪が軽いときは、三浦邸に出仕はするが、主君への陪侍が許されず、重いときは、「屛居」つまり自宅謹慎になっている。

右のようにみてくると、こうした事例での処分は、喧嘩や盗み、密通などの重大な破廉恥《はれんち》行為で処罰されるのとは異なり、日常的な職務怠慢や主君とのちょっとした気持ちの行き違いなどが主要な原因であったことが知られる。当時の下級武士は、こうした軽微な罰則規定をもうけられることで、官吏としての責任意識をもつことが教育され、次第に封建官僚としての作法を確立していったのである。

4　武士が病気にかかったとき

健康第一主義

先に引用した一八世紀はじめの『武士としては』という書物は、その巻頭で、武士は「智《ち》仁《じん》勇《ゆう》の志」をきたえるべきことを述べ、さらにつぎのように記す。

智仁勇の志ありとても、その身病身にては、其志もとげがたかるべし、人は先《ま》すこやかに、無病ならねば、その志もとげがたき所を心得て、常に我身の生れ付きたる所に不足なる所を、医師にも問い、其身も篤《とく》と考えて、昼夜に保養あるべきこと也

武士が武士としての「志」をとげるためには、まず健康でなければならないというのである。こうした見解は、当時の武士道書に一般的な考え方でもあった（氏家幹人『江戸藩邸物語』）。本節では、武士がこうした健康第一主義の考え方をなぜ強調しなければならなかったのか、当時の武士の健康状態と関連させて考えていこう。

病気がちの家老衆

『留帳』や『家乗』をみると、さまざまな病気が、武士社会に広く蔓延《まんえん》していた様子がうかがわれる。

まず家老衆の場合。一六六四（寛文四）年七月一九日、仙洞御所（後水尾《ごみずのお》院）より新院（後西《ごさい》院）へ歌道相伝がおこなわれ、新院から紀州の玉津嶋《たまつしま》神社へ短冊の奉納があったとき、頼宣とその次男左京が社参したが、そのときに、「拙者（為時）共仲間病気又ハ差合《さしあい》故、拙者壱人大紋《だいもん》ニて御供相勤」めたとある。「差合」は、この場合忌中《きちゅう》で社参できなかったことをさすが、他の家老たちが病気で、為時が一人、殿様の御供をしたことがわかる。同様の例としては、同年六月二〇日に、殿様が和歌浦の東照宮に参詣したさい、為時が「持病気《じびょうけ》」、安藤直清が「気色気《きしょくげ》」、久野宗俊が「腫物気《はれものけ》」で、いずれも御供に参上しないことがあった。

ところで、紀州藩の家老は、当時六名であったが、一六六四年当時の六名の年齢は、久野宗俊が二〇歳代前半で一番若く、安藤直清と水野重上（～一七〇七年）が三〇歳代前半、三浦為時が五〇歳代半ば、渡辺直綱が六〇歳代半ば、加納直恒が六〇歳代後半で最年長であった。

このうち、渡辺氏は数年前から病気がちで、この年閏五月以降、病気のまま出仕しなかった。安藤氏は、閏五月ごろから一一月ごろまで病気がちで、しばしば欠勤していた。加納氏も六月ごろから九月ごろまで病気がちで、たびたび欠勤していた。為時は重い病気で長く欠勤することはなかったが、「持病」に悩まされていた。水野氏は江戸詰で紀州にはいないが、一番年少の久野氏もたびたび病気で欠勤した。そのため、たとえば同年七月一一日には、前月の当番であった久野氏が病気で「寄合」に出仕できなかったため、町奉行衆から上申のあった問題を裁許できず、結局延期せざるをえない事態を招いた。なお、同年二月六日には、水野氏が「近年病者」ゆえ御役御免《おやくごめん》を願い出、「気色養生」のうちは御用御免、「年若」ゆえ養生せよとの頼宣の御意をえていた。

右のような事態がいつもあったわけではないが、寛文年間を通じて、つねに何人かの家老が病中にあったのである。

「疫死の者夥し」

石橋生庵が医師だったこともあり、『家乗』には病気の記事がめだつが、病気は武士社会に暗い影を投げかけていた。以下に掲げるような、悲惨な事例もある。

まず、三浦氏の家臣で、生庵の隣家に住む根来作兵衛《ねごろさくべえ》家の場合である。作兵衛が伊勢《いせ》にある三浦氏の領地に出張中、一六七五（延宝三）年正月一一日、子息新七郎が九歳で死去した。その後同二〇日に、作兵衛は、妻と嫡子《ちゃくし》が病気と聞き、暇を賜って伊勢から帰宅した。しかし、同二三日、作兵衛の妻は四四歳で、嫡子作太夫も同二五日に二六歳で死去してしまった。病魔はこれだけにとどまらず、同年三月二二日には、姉娘おくりも一八歳で死去した。残った四子も「熱病」にかかっており、藤一郎、与三兵衛の二人は、ようやく「平癒《へいゆ》」したが、亀之助、おつるはなお病中にあったという。

生庵は、この有様をみて、三月二二日の記事につぎのように記した。「嗚呼《ああ》、根来氏の不幸言うべからず、人は皆これを奇とし、且《か》つこれを驚き、且つこれを哀しむ、予隣家故《ゆえ》日夜これを訪う」と。作兵衛は、この数ヵ月の間に、妻と三人の子をなくし、四人の子がようやく助かった。しかし、亀之助は、翌年の正月二七日、いずこともなく「出奔」してしまった。理由は何も記されていない。こうして作兵衛家では、家族が一年の間に半減してしまったのである。なお、藤一郎は、一六七七年三月二三日、生庵の「門弟」となっており、生庵が、こうした下級武士の子弟教育にもあたっていたことがうかがえる。

当時は流行病が一たびはやると、大きな被害が出た。たとえば、一六七五年から翌年にかけての場合、『家乗』に、「頃《この》ごろ疫死の者夥《おびただ》し、毎日三墓に火葬する者数十人、就中《なかんずく》九日は八十人を葬ると云う、家中の士女、正月より以来これに罹《かか》りて十六人死すと云う」とある。すなわち、当時紀州藩領で毎日数十人の死者があり、多い時は八〇人にのぼったこと、三浦氏の家中でも正月から五月までに一六人が死去したというのである。

こうした事態にたいして、庶民がとった対応を『家乗』は「春より以来、世俗に長龍鬼神天門天地八字を門戸に書し、以《も》って疫鬼を逐《お》う」と記す。庶民は、まじない札を貼ることで、病魔の侵入を阻止するしか手だてがなかったのである。

『家乗』には、こうした伝染病の流行時以外にも、幼児の死亡だけでなく、二〇、三〇代の壮年の死亡記事が目立っており、一般の武士にとって、病気が大きな重圧になっていたことが知られる。

「御役御免」

さて、右の記述から、当時さまざまな病気が、上下の区別なく武士社会で蔓延し、病気との闘いが武士にとって大きな課題となっていたことがわかっていただけたかと思う。だが、武士道書などで、武士が健康であることを必須条件として掲げられ、養生の必要性がさかんに主張された背景には、こうした一般的な事情にとどまらず、武士としてのあり方自体も深く関連していたはずである。その理由として、たとえば、武士の基本的性格が戦闘員であり、病弱では当然使いものにならなかったから、健康がとくに重視されたことが考えられる。しかし、一七世紀後半以降、一定の〝平和〟が実現されたのち、健康がいっそう強く希求されるようになった背景には、それとは別の理由があったと考えるべきだろう。

すでに述べたように、家老衆の病気は、藩政の混乱や延滞を容易にもたらすことになったが、家老衆にかぎらず、公務をはたす一般家臣の場合でも、影響の大小はあれ、事情はおなじであった。そうした点を念頭におくとき、家臣が長病《ながやみ》を理由に「御役御免」を願い出る記事が、『留帳』にやたら目立つことに注目したい。一六六三年から六五年にかけてのいくつかの事例をあげよう。

御先手物頭で三五〇石の知行取原田権六は、「病者」ゆえ「御役御番」など赦免になった。そのとき頼宣の上意に、「病者ニもこれ無く候ハヾ、思召も御座候得共、病者ニ候間、緩々と養生仕、在郷などをもあるき、心静ニ養生仕るべき」ことが仰出された。自分の知行地での「緩々と」した「養生」での本復が期待されている。

大番衆田屋菊右衛門《たやきくえもん》の三男勝右衛門は、ここ数年病気で、いろいろ養生したが「快気」しないため、先年「御切米《おきりまい》」を返上して養生に専念したい旨上申した。しかし、そのままで養生せよとのことでこれまで養生してきたが、いまもって回復しない。いまのように「御切米」を拝領したままでいることは、「猶以《なおもつて》苦身《くるしみ》ニ罷成《まがりなり》、給気をも得《え》申さず候間」、つまり、肩身がせまく、心を休めることができないので、「御慈悲」に「御切米」の返上を許されたい、と父子ともに願書を提出し、許された。

なお、この田屋菊右衛門は、『家乗』によれば、一六七五（延宝三）年一一月二二日に八四歳で死去しており、「大坂之役に伴団右衛門に属して武勇有り、嶋原城攻め邦君（徳川頼宣）之命を以てこれに預り、功有りて八百石を領す」とあって、「武勇」の士であったことが知られる。

夏目伊左衛門は、「永々相煩」い「御番等幷御弓蔵之勤」もできないため、「隠居」を願い出、「久《ひさ》敷《しき》者之義」（長年奉公の者の意）との理由で「隠居」を認め、「せかれ市左衛門」の「大番」入りが許された。

御供番篠本五郎作《ささもとごろさく》は、「持病ニ痰《たん》」をもち、去年より煩っている。旧冬よりお願いしているように、「病者」では「只今之御役」を勤めがたいので、「只今之御役御免」を願い出、「大番へ御入」が許された。また同日、おなじ御供番赤堀五郎兵衛は、「久々相煩」い、「御番・御使等」を勤めがたいので、「養生」に専念するため「只今之御役御免」を願い出、「大番へ御入」が許された。

御使役内藤太左衛門と小笠原金八の両人は、「四、五年以前」より煩い、いまにいたるも回復しないので、「只今迄之御役」を免除され養生に専念し、「其内ハ御役人（代わりの者）をも出し申度」き願書を提出し、許された。

伊藤十右衛門は、病気ゆえ「知行指上《さしあげ》、養生仕《つかまつり》度《た》」き願書を出して許された。しかし、「無足（無給与）にてハくらし兼」ねるので、「拾人扶持」（一八石ほどの給米）を下され、子息伊之助が「夜《や》居番《いばん》」（不寝番のこと）に仰付けられ、「当年より夜居番並之御切米」を下されることになった。

いっそうの窮乏

右のいくつかの例からもわかるように、「御役御免」願いは、数週間程度の病気ではなく、数ヵ月から数年にわたる比較的長期にわたる病気で、回復の見込みがまったく立たない場合に出されることが多かった。また、右にあるように、御供番、御使役、御夜居番のほか、目付役、町奉行役、普請奉行役、御進物番、右筆《ゆうひつ》役といった公務についている者が多かった。

当時紀州藩では、三〇〇石に満たない知行の者が用人や目付の公務につくと、「三百石之つもり」に不足分を与える「御足米《たしまい》」が下され、また、切米取（給米をうけとる家臣）の役人にも、公務についているあいだはそれぞれ「足米」が支給されていた。したがって、長病のため「御役御免」願いを出すことは、こうした「足米」が支給されなくなることを意味していた。つまり、ようやく窮乏の度合いを深めつつあった武士にとって、いっそうの窮乏をもたらすことになった。このような経済的な事情が、ひとつには健康への関心を高めていたのである。

ところで、もと右筆役で病気のため養生に専念していた川口勘兵衛は、病気が回復したので再勤願いを提出し、「此已前之《これいぜん》ことく御知行」を下されることになった。しかし、まだじゅうぶんでないため、以前の右筆役は御免となり、大番にはいっている。

このように、回復後はもとの職場に復帰する可能性があったのだが、じゅうぶんに回復していないにもかかわらず、復帰願いを出し、病気がかえって再発し、再度「御役御免」願いを提出するはめになった場合もみられた。

他方で、こうした病気での「御役御免」とは対照的に、健康で「精勤」につとめていれば、しだいに立身出世していくことができた。たとえば、新参の家臣中井武兵衛は、若年より奉公し、伊勢田丸の郡奉行《こおりぶぎょう》などに精勤し、用人となって「公儀向之《こうぎむきの》御用」を勤めるまでに昇進したのであった。

武士の存在証明

だが、武士の健康願望の背景に、こうした経済的問題があったことは疑いないとしても、それのみが理由であったわけではない。田屋菊右衛門父子が、「御切米」を拝領したまま養生に努めることは、「苦身ニ罷成」との理由で切米返上を願ったように、公務につかないまま俸禄を与えられることは、武士としての面目《めんもく》が立たないのであった。武士としての公務についてはじめて、いわば一人前の武士の面目が立ったのである。こうした事情は、三浦為時の場合でも同様の心情をうかがいみることができる。

藩主頼宣は、隠居願いが一六六七年に幕府に認められ、光貞がその跡をついだ。それにともない、為時は、家老職はそのままつづけたが、主君光貞から、老年を理由にして、毎日出仕するに及ばず、重要な問題をのぞいて、これまでの「万細成《よろずこまかなる》御用」や「御使」などは「御赦免」と命じられた。しかし為時は、何かにつけて口実をつくり出仕をつづけ、光貞から「必ず無用」と拒絶されてしまった。為時は、なぜ出仕したがったのだろうか。その理由は、つぎのエピソードから推測することができる。

あるとき、隠居の頼宣が為時にたいして、鷹狩に同行し、「緩々《ゆるゆる》と慰候《なぐさめそうろう》」ようにと誘った。しかし、為時は再三それを辞退して、以下のようにその理由を述べた。

> 其詮《そのせんずるところ》ハ、拙者儀此以前之ことく御用をも相達《あいたつし》、御使等をも相勤候義ニて御座候ハヽ、御奉公仕《つかまつり》なから御供仕るべく候へ共、左様之儀ハ御免成させられ候へハ、私慰《なぐさめ》ニ斗《ばかり》御供仕《つかまつり》、家数もすくなき在郷へ罷越《まかりこし》、御供之衆中之宿をもせばめ申候儀、中〳〵迷惑仕候

もはや自分は、家老としてのじゅうぶんな務めをはたしていないのだから、自分の楽しみだけで、家中の人びとの迷惑になるようなことはできないというのである。公務から離れた武士は、もはや半人前にすぎないという自覚があったといってもよい。武士が、当時健康に非常な関心を示したのは、たんに経済的な事情によるだけではなく、病気のため公務から離れることで、いわば武士としての存在証明が失われてしまうからだったのである。

5　結婚・子育て

婚姻への強い関心

近世の一般武士にとって、自分の家を守り存続させていくことはきわめて重大であり、婚姻への関心も当然高かったが、主君にとっても、家臣団の婚姻は、その統制のうえで非常な関心事であった。そのため、近世の武士社会では、まず主君の許可を得て婚約がととのい、そののち、婚儀とよばれる結婚式を挙行して、婚姻が完了した。ここでは、ある上級武士の具体的な婚姻の過程を描きながら、あわせて、武士の家の存続についても考えてみよう。

蔭山《かげやま》宇右衛《うえ》門重堅《もんしげかた》の娘おまんと江間《えま》与右衛《よえ》門高重《もんたかしげ》の祝言は、一六六五（寛文五）年七月二六日に挙行された。宇右衛門は大番頭で二三〇〇石の知行取、宇右衛門の妻は三浦為時の妹で、のちに為時の養女として宇右衛門のもとに嫁いだ。したがって、おまんは為時の義理の孫にあたった。なお、蔭山家は、図1（二九ページ）にあるとおり、徳川家康の側室養珠院の母智光院にかかわりがあり、その縁で初代宗信が蔭山氏を名乗った。宇右衛門は宗信の嫡子である。また、養珠院は三浦為春の異父妹で、徳川頼宣の母でもあった。つまり、三浦家と蔭山家は、もともと深い関係にあったのである。他方、与右衛門は一〇〇〇石の知行取である。江間家と蔭山家が紀州藩の上級武士であることは明白である。まず、両家の祝言《しゅうげん》にいたる過程をおってみよう。

結納から祝言へ

『留帳』の一六六四年五月二九日の条に、「蔭山宇右衛門聟《むこ》ニ江間与右衛門仰付けられ、五郎左衛門申渡候」とある。五郎左衛門は、すでに登場した家老加納直恒のことである。文意は、藩主頼宣が与右衛門とおまんの婚姻を命じ、直恒がその旨を宇右衛門と与右衛門に申し渡したというものである。主君の命によって両家の婚約がととのったことが知られる。

その後、同年閏五月三日、与右衛門方から宇右衛門方へ「結入之使《ゆいいれ》」、つまり結納の使いが出向き、同夜は為時も宇右衛門方へ出かけ、いっしょに祝った。一〇日には、与右衛門がはじめて宇右衛門方へ出向き、宇右衛門とその妻、与右衛門、渋谷新休《しぶやしんきゅう》、為時の五名が、奥座敷で「吸物《すいもの》・盃事《さかずきごと》」をすませ、そのあと、宇右衛門が与右衛門方へ出向き祝った。翌一一日には、宇右衛門の妻と「小《お》まん」が為時方に参上し、居間で振舞われた。また翌々一三日には、為時が直恒方に御礼に出向いた。翌一四日、宇右衛門が江戸へ下ることになったので、三浦邸で宇右衛門を振舞ったが、与右衛門は病気で参上できなかった。そこで翌一五日、与右衛門はあらためて三浦邸に挨拶に出向き、そのあと宇右衛門宅に参上した。同月二九日には、為時がはじめて与右衛門方を訪問した。こうして、両家の婚約に関する一連の儀式が完了した。

さて、つぎは祝言の挙行だが、宇右衛門が江戸在勤となったので、祝言は翌年、宇右衛門が紀州へ戻ってからになった。この間、一六六四年一二月八日に、為時は自宅に与右衛門を呼び雑談した。また、祝言の一〇日ほど前、「おまん祝言道具見せ申」すとのことで、為時の妻や娘たちが宇右衛門方へ出向き、為時も「我等も参《まいり》、緩々《ゆるゆる》と祝」った。そして、七月二六日から三日間、祝言の儀式が執り行なわれた。

婚　礼（『絵本江戸紫』）

二六日の夜八時ごろ、与右衛門が宇右衛門方へ出向き、「奥ニて三献《こん》之祝」をおこなった。その座に、宇右衛門夫婦、与右衛門、布施佐五右衛門《ふせさごえもん》、為時の五名が列席した。為時は、この日一〇時ごろ登城し、二時ごろいったん帰宅して、夜になって祝言の席に出向いた。佐五右衛門は、前年の婚約の際にもたびたび登場しており、当時一八〇〇石の知行取で、「剛直」者として知られた人物であり、おそらく仲人の役をつとめたのであろう。そのあと、為時は居間で「二、三献」祝い、午後一〇時ごろ帰宅したが、残りの人びとは「夜更《よふけ》候《そうろう》迄《まで》酒もり」をつづけた。

翌二七日は、宇右衛門夫婦が与右衛門方で振舞をうけた。為時は、例のように一〇時ごろ登城し、二時ごろいったん帰宅、そのあと太刀などの祝い物を持参して与右衛門方に出向き、「奥ニて盃事」をすませ、さらに「おもてニて祝」い、日暮ごろ帰宅した。

翌二八日の晩は、宇右衛門方で与右衛門を振舞った。為時は九時ごろ登城し、そのあと宇右衛門方を見舞い、一時ごろには帰宅し、夜の振舞には出席しなかった。

なお、八月五日には、為時方に与右衛門を招き、御座敷で「三献之祝盃」をあげて兼光《かねみつ》の脇指《わきざし》を与え、そのあと表座敷で、布施佐五右衛門や江間家の親族などを接待した。

こうして、前年の婚約と当年の祝言が無事おわって、結婚の儀式が滞《とどこお》りなく完了した。大身である両家の婚姻は、両家の今後いっそうの発展を約束するはずであったが、その後の両家の歩みは必ずしもそうでなかったのである。

困難な家の存続

まず、蔭山家のその後をおってみよう。祝言の翌々年二月二六日、宇右衛門は熊野へ湯治《とうじ》に出かけ、同年六月二五日にも「気色悪敷《あし》」きため、為時が見舞に出向いた。宇右衛門はこのころから病床についたようで、やがてその二年後、一六六九年二月六日、四五歳の壮齢で死去してしまった。為時が主君にしたがって江戸に在府中のことであった。

その後、宇右衛門には男子がいなかったため、同族の蔭山藤左衛門の次男亀之介を宇右衛門の実娘と一六七一年春に結婚させ跡目をつがせた。これが角蔵重之で、知行は一五〇〇石に減禄された。しかし、宇右衛門の娘は、その四年後の一六七五年七月一八日に死去し、角蔵も一六八八（元禄元）年八月一三日に三七歳で死去してしまった。角蔵には子どもがなかったため、三浦為時の弟春澄の次男である為重を養子に迎えることで、家の存続は認められた。だが、角蔵の死後の養子であったため、知行は三〇〇石に減禄され、もとの屋敷から「吹上長屋」に移ることになった。宇右衛門の妻はこのときまだ存生しており、「路費」として「拝借金五両」を与えられて移居した。以後、代替りの節に減禄がつづき、幕末の九代目広道のころには、一五〇石にまで減禄してしまったのである。

では江間家はどうか。為時は、祝言のあともしばしば与右衛門方に出向いており、江間家に平穏な日々がつづいていたようである。だが、御供番頭になっていた与右衛門は、一四年後の一六七八（延宝六）年二月一一日、「改易」（知行没収のうえ追放）に処せられた。翌日、為時の死後三浦家を相続した為隆が、宇右衛門の妻を見舞った。

与右衛門はなぜ改易処分になったのか。『家乗』に、その理由としてつぎのようにある。「身貧しきに因《よ》る、是より先《さき》人馬減少の命これ有り、且《か》つ近ごろ頻《しき》りに暇《いとま》を乞い、其の言序《じょ》ならず、故に此《か》くの如《ごと》しと云う」。

つまり、江間家が財政困窮におちいり、一〇〇〇石取の藩士として備えるべき「人馬」がじゅうぶん用意できず、そのうえ、近年はしきりに致仕を願い出、しかもそのさいの発言が藩内の秩序を乱すものであったからだとされる。

江間家がなぜ財政困窮におちいったか、その理由は不明だが、当時、二代藩主光貞の治政下、光貞が藩政をかえりみず、近臣を寵愛したり、芝居などの遊芸にふけったため、藩政の頽廃《たいはい》がはなはだしくなっていた。その結果、藩士のあいだにも密通や喧嘩、盗み、刃傷沙汰《にんじようざた》が頻繁におこる一方、藩政批判の落書などもさかんに書かれ、藩士の窮乏がいちじるしくなって、「家貧しき」ため出奔《しゆつぽん》する者や、出家する者が続出していた。それゆえ、与右衛門の処罰理由に「其の言序ならず」とあることから推測すれば、与右衛門がなんらかの藩政批判をおこなったことが直接の理由であったと考えられる。

与右衛門は、その後一七二〇（享保五）年に帰参が許され、「弐十人扶持」を与えられたが、一七三一年に病死し、相続人がなかったため、江間家の本家は断絶となり、与右衛門の弟源右衛門が、別家にて代々相続していくことになった。

右に述べた蔭山家と江間家の事例は、たとえ上級武士の家であっても、家を長く存続させていくことがいかに困難であったかを知らせてくれる。江間家の場合はいささか特別であったとしても、蔭山家の場合はそれほど稀なことではなかっただろう。こうした事情から、武士の家では、男子の誕生がとくに歓迎されることになったのである。

かくされた恋

生庵が主君為時から、三浦氏の用人で、三五〇石取の大多和治右衛門《おおたわじえもん》の養女を娶《めと》るよう命じられたのは、一六七二（寛文一二）年四月三日のことで、そのあと、同月一八日に大多和氏のもとへ結納を届け、六月一九日には、大多和氏から花嫁道具が届けられた。

祝言は、六月二三日に挙行された。同日、午後六時ごろ大多和氏の養女を迎え、八時ごろ仲人の多賀氏と大多和氏のもとに挨拶に出かけた。一〇時ごろ、今度は大多和氏が生庵方に出向いてきた。その間、兄市左衛門の妻や同僚数人が生庵宅に出向いており、一二時ごろ初夜の床についた。大多和氏の養女は、安藤氏の家臣高田兵太夫の娘で、時に二〇歳であった。生庵はこの時三〇歳であった。先の蔭山家と江間家の婚姻にくらべて、生庵の結婚がはるかに簡素であったことがよく知られる。

ところで、生庵の婚約から祝言までのあいだに、『家乗』のなかに興味深い記事が散見する。たとえば、大多和氏への結納のあと、五月二四日に、「夜、垂花《すいか》と共に別涙を拭《ぬぐ》う」とあり、翌日には、「今晩、垂花を出す、（略）雲雨《うんう》の遊（男女の契り）を為《な》すや已《すで》に七年、一日も我を負《そむ》かず、去月の約婚の後より、夜々共に別離の情を嘆ず、嗚呼《ああ》、後会期《き》し難《がた》し、伏して憶《おも》う、往時夢の如く幻の如し、将《まさ》に離別の近きに在りて愁情の切《せつ》なるに堪《た》えず、因て以て別涙に攬《と》りて始末を書す、時に垂花歳三十二、出て玉井八太夫の臣僕作兵衛に嫁《か》すと云う」と記した。また祝言の迫った六月八日には、「垂花来《きた》る、潜《ひそ》かに相語らいて人世の改変を歎じ、且つ終身相忘るべからざるを約す」と記した。

右の引用文からわかるように、生庵と垂花は七年間にわたって恋愛関係にあったことが知られる。それは、たんなる肉体関係にあったことを意味しない。主君から突然結婚を命じられた生庵が、かなり狼狽《ろうばい》していた様子は、たとえば六月一日に、「采薪《さいしん》の憂《うれい》」つまり病床にふせってしまったことからも推測される。二人は、おそらく身分違いから一緒になることができなかったのだろうが、別れに際して、終身の愛を誓いあっていることに注目されたい。二人の間には、深い心のかよいあいがあったのであり、そこに近代的な恋愛の原型をみとめることができるのである。

ちなみに、井原西鶴の浮世草子《うきよぞうし》や、近松門左衛門《ちかまつもんざえもん》の浄瑠璃《じょうるり》は、当時しだいに多くなってきた、こうした生庵のような現実の恋愛に取材して成立したことが推測される。だが、それにもまして重要なことは、家のいわば公用日記である『家乗』に、生庵が自分の恋を書き留めていることである。そこには、どうしても書き留めねばならなかった生庵の心情がうかがわれるが、同時に、こうした記事を日記に書き留めてもよいとする考えが、ようやくこの段階になると成立してきているといえるからである。

家老為時の子育て

近世の武士にとって、男子の誕生は家の存続のうえからもきわめて重大なことであった。そのため、男子が大切に養育されただろうことは容易に推測される。そこで、為時と生庵の子育てについてみていこう。

為時の嫡子為隆は、一六五九（万治二）年に生まれ、為時が五〇歳のときのことであった。そのため、為時の可愛いがりようはいちじるしかった。

為隆は、幕府の江戸証人制（人質として妻子を江戸におくこと）が停止される一六六五（寛文五）年まで江戸で養育されており、国元にいた為時は、ふだんは贈り物を送るだけのことが多かった。しかし、江戸出府中の日記には、為隆（幼名権五郎）の記事が頻繁に出てくる。

たとえば、一六六三年四月五日、頼宣が将軍家綱《いえつな》に御目見《おめみえ》したあと、為時も黒書院《くろしょいん》で家綱に御目見し、二時ごろ帰宅したあと、「帰宿之上、権五郎ニはかまき《（着）》せ申候、則《すなわち》今日着《き》申《もうし》候《そうろう》長はかまヲきせ、脇指《わきざし》とらせ申候、帯をもとらせ申候、ゆる〳〵と祝申候」とある。為隆が四歳のときのことであった。

将軍に御目見のさい自分が着用した長袴を、帰宅後すぐ四歳のわが子に着せて喜んでいる様子は、ほほえましいかぎりである。

同年八月一一日には、為隆を安藤直清（妻は為時の娘）、加納直恒の両名にはじめて「対面」させたが、そのあと、「今日ハ権五郎誕生日之由後ニ承候」とある。後に述べるように、生庵が子どもの誕生日を毎年祝っているのとはちがって、自分で育てることのなかった為時は、わが子の誕生日を忘れていたようである。またこの時期には、弓や鑓《やり》、あるいは、頼宣の次男左京に「ためし切」をしてもらった、頼宣から拝領の「信国之刀」を為隆に与えた。幼少より武士のたしなみを身につけさせようとしている様子がよくわかる。こうして、翌一六六四年一月一一日には、加納直恒の「肝煎《きもいり》」で、主君頼宣に為隆を御目見させることに成功した。

同年六月には、殿様参府の御使として江戸に出府した為時が、為隆のために帰国予定を一日延期したこともあった。六月一五日は江戸の氷川《ひかわ》明神（赤坂）の祭礼の日にあたっていたが、「権五郎うぶすな二て御座候故、祝申候」ためであった。つまり、出立当日が、為隆の氏神である氷川明神の祭礼にあたっていたのである。為隆が氷川明神の氏子になったのは、三浦邸が氷川明神の近くにあったからで、後に『家乗』につぎのような記事もみえる。一六九二（元禄五）年六月一四日、「公（為隆）、弥五左衛門北長屋において氷川祭之習《ならわし》を視る」とあり、翌日、祭礼の様子を同輩の士とともに観覧した。為隆は、おそらくおおっぴらに祭礼をみることがはばかられたため、家臣の長屋越しに祭礼を観覧したのであろう。

それはともかく、帰国予定の日、松平出羽守の使者が三浦邸に進物をもってやって来た。これにたいして為時は、「今朝罷立候《まかりたちそうろう》と申、右之御音信《ごいんしん》、番之者請取《うけとり》、御使者かへし申候」と応対した。表向き出立したことになっていたから、使者に会うことができなかったのである。つねに謹厳実直な為時が、このときは為隆可愛いさで、出立を一日延期したところに、為時の親心を認めることができるのである。

息子帰る

江戸証人制の停止で、為隆が紀州に帰国できることになったとき、こうした為時がいかに喜んだかは想像に難くない。その様子は、為隆の江戸からの帰国道中で示された為時の心くばりから推測される。

『留帳』に、「証人之娘、権五郎、去ル十三日江戸罷立候由」とあるように、為隆は一六六六（寛文六）年五月一三日に江戸を出発した。この情報は、二一日に到着した「公儀之御次飛脚《おつぎひきやく》」が為時に伝えた。そのあと、二二日に一回、二五日には朝・晩二回の飛脚が到着し、二六日には、為時の出した飛脚が折り返し到着した。二七日にも同様の飛脚が到着した。またこの日、「昨今殊之外《ことのほか》大雨」のため、「見廻、又迎」えのため家臣石井亀右衛門を堺《さかい》まで派遣し、夜には様子を見るために出した家臣生田伊兵衛がもどって、為隆の様子を伝えた。そして、翌二八日、為隆が無事和歌山の三浦邸に到着した。帰国道中の安否を気遣う為時の様子がよくうかがわれよう。

その後為隆は、三浦家の菩提寺《ぼだいじ》であった了法寺に参詣したり、紀州にいた「娘達」や一門の人びとに対面した。そして翌六月一一日に、為時は、安藤直清、加納直恒、布施佐五右衛門など懇意の人びとや一門衆などを招き、為隆の参着祝いを「夜半」まで盛大に開催したのである。

為隆は帰国後、剣術や馬術の稽古を開始したが、他方で、一六六九年五月に、生庵について『論語』『孟子』『大学』『中庸』の四書を学びはじめた。将来紀州藩家老となる為隆が、それにそなえて文武両道の学習を本格的におこないはじめた。為隆一〇歳のときのことであった。

子どもの抜参り――生庵の子育て

生庵の結婚は、一六七二年六月のことであったが、長子太郎吉（本名辰真）が生まれたのは、その二年後の一六七四（延宝二）年九月二七日のことであった。太郎吉の母親が風邪のため難産だったようで、生庵が自分で薬を調合した。太郎吉の成長過程は、『家乗』によってかなり詳しくわかるので、それを表5（二三七ページ）としてまとめてみた。この表を使って、太郎吉の成長の様子をみていこう。

太郎吉の名は、七日目の一臈《いちろう》の日に父孫左衛門がつけた。一〇日目に産剃《うぶぞり》（垂髪）、三二日目に産《うぶ》土神《すながみ》の山王権現に参詣、その三日後に石橋家の菩提寺久成寺に参詣した。翌年一月一九日に喰初《くいぞめ》をし、三月四日には、「昨夜太郎吉、始めて阿者々緒須留《あわわをする》」とある。その後、四月二八日に歯が見えはじめ、五月一九日に這《は》いはじめ、九月二七日の朝、親類や知人を招いて太郎吉の誕生祝いをおこなった。朝におこなったのは、この日、主君為時が家中の同輩を「饗応」したため、生庵は、昼の一二時ごろから夜の一〇時ごろまで主君に陪侍しなければならなかったからである。誕生祝いは、その後毎年おこない、次男庄次郎など他の子どもたちの場合も同様におこなっている。

太郎吉が歩きはじめたのは、同年一一月一五日のことであった。その後、一六七七年八月一五日に月代《さかやき》、翌年一月七日に袴着《はかまぎ》をおこなった。一六八〇（延宝八）年一二月一一日には、江戸参勤中の生庵が、太郎吉に「手本・紙縄《こより》」を送った。太郎吉六歳のことである。翌年一月一三日には、「太郎吉始めて書を学ぶ」ともある。このころ、江戸から故郷あてに、衣服、日野絹絵、火縄、宇治茶、苧《お》、草紙、単衣《ひとえ》、古帷子《かたびら》、蚊帳《かや》などを送っているが、そのなかに「筆三本」とか「半紙」などがふくまれており、太郎吉が手習をはじめたことがうかがえる。

その成果か、一六八四年三月二一日には、太郎吉からの書状が、江戸参勤中の生庵のもとに到来した。太郎吉一〇歳のことである。一六八六年四月ごろには、太郎吉は『論語』や『中庸』を読むまでにいたっており、翌年一一月一日に、太郎吉は宇佐美徳之進のもとに弟子入りした。

しかしこの間、一六八六年一二月八日、太郎吉は疱瘡《ほうそう》で発熱した。だが二日後、太郎吉の症状は軽く、「余症」もないことがわかり、生庵は「喜ぶべし」とほっとしている。その後、太郎吉は順調に回復し、二一日には「酒湯に浴」している。この後、天無や充之助も疱瘡にかかったが、ともに順調に回復した。こうして生庵の家では大過なくおわった。しかし、この流行で、為隆の娘千が死去したのをはじめ、三浦氏の「中小姓以上」の家臣の子弟一四名が疱瘡にかかり、五名が死去している。

ところで、一六八八年三月二〇日、太郎吉は、鈴木氏の小僕虎之助といっしょにひそかに家を出て、伊勢《いせ》へ抜参《ぬけまい》りに出かけた。驚いた生庵は、すぐさま出入の者吉左衛門と下男市兵衛にあとを追わせた。吉左衛門は「岩手茶屋」で太郎吉らに追いつき、道中を教えて帰り、市兵衛が随行した。同月二四日は太郎吉の「両宮巡礼の日」にあたるため、石橋家の一家や出入りの者が家で祝った。太郎吉は二八日に帰宅した。

生庵が、抜参りをした太郎吉を叱《しか》らず、参宮の日に一家で祝っているのは、当時伊勢参宮が子どもから大人になるための一つの通過儀礼になっていたことを示し、太郎吉はこうして一人前になったのである。

はじめての奉公

太郎吉は、一六八九年に新之丞と名を改めた。太郎吉が為隆に出仕したのは、翌々年の一六九一年のことであった。

この年一月二〇日、生庵の兄市左衛門が、近藤氏を通じて「新之丞の従仕」を願った。ついで二月一四日、太郎吉は「前髪を落」とし、翌一五日、はじめて為隆に拝謁した。生庵は、そのあと太郎吉を連れて諸士の家へ御礼廻りしている。そして四月五日、太郎吉（辰真）は「宿衛の命」をうけ、一一月一四日には、為隆の多田妙台寺参詣に供奉している。

太郎吉がはじめて年俸をもらったのは、一六九五（元禄八）年で、銀で五八三匁《もんめ》五分という。生庵はこのとき、為隆に供奉して貴志に行っていたが、太郎吉は手紙でわざわざこの由を伝えている。よほどうれしかったのであろう。

この年八月、太郎吉が来春の江戸参勤に供奉し、生庵は九月になってから江戸に出立することが決まった。太郎吉は、二二歳ではじめて、一人で半年近く奉公することになった。この間の太郎吉の期待と不安がないまぜになった心の動きは、太郎吉が国元の生庵に出した手紙の数によって、ある程度推察することができる。表5の一六九六年の項をみていただきたい。江戸に出立したのが三月一日、江戸着が三月一三日であった。

まず三月には、五日、一五日、二〇日、二二日、二五日付で出している。五日は道中で、一五日は江戸着後のものである。四月に出された手紙は、四日、八日、一五日、一九日、二一日、二二日付の六通。四月一六日に到着した一五日、二一日付の手紙は、三月に出したものである。手紙のやりとりは、藩の飛脚や町飛脚、あるいは藩士や足軽・商人などで、江戸と紀州を往来する者に依頼するなど、さまざまな手段を活用したため、手紙の所要日数がかなり不規則な様子がわかる。つまり、早く出した手紙が、必ずしも早く届くとはかぎらなかったのである。

五月に出された手紙としては、一日、二日、一五日、二〇日、二四日、二五日、二九日付がある。六月は、九日、一〇日、一五日、二〇日、二一日、二五日、二八日付で、五月、六月はともに七通ずつになっている。七月は、五日付が二通と、一五日、一八日、二五日、二八日、晦日付である。八月は、五日、八日、一〇日、一五日付の四通である。これは、生庵が九月一日に紀州を出立したからである。生庵も、太郎吉の手紙にまめに返事を送っている。

さて、手紙を出す頻度は、一〇日以上あいたのが三回で、あとは二、三日から五、六日ごとに送られている。当時は、江戸と和歌山の連絡手段は、手紙以外になかったので、現代よりはるかに筆まめであったのだが、それにしてもかなりの頻度であったことが知られる。町飛脚に頼めば費用がかかるので、多くは和歌山に帰る同輩や足軽、商人に依頼したのであろう。

右のように考えると、手紙を依頼できる人がいた場合には、ほとんどの機会に手紙を送っていたように推測できる。生庵は、はじめて一人で奉公に出る太郎吉に、おそらくまめに手紙を送るよう伝え、太郎吉もよくそれに応えたのであろう。どんな内容のやりとりがあったかは不明だが、はじめての江戸奉公を無事にやり遂げようとする、生庵父子の気持ちが伝わってくる。いずれにしても、太郎吉の江戸での奉公が無事おわり、生庵は立派な跡つぎができて一安心したことだろう。

6　鷹狩から花見まで——武士たちの余暇

平和が生んだ娯楽

一七世紀後半になると、諸藩でも藩政の制度がととのえられ、藩政の確立が実現されてきた。他方で、政治が安定し、長期にわたって一定の〝平和〟が実現された結果、武士の日常生活にある程度の余裕がうまれ、武士社会にさまざまな趣味や娯楽がみられるようになってきた。ここでは、『留帳』や『家乗』にみえる趣味や娯楽を紹介しよう。

為時がもっとも好んだ娯楽は、茶の湯と鷹狩《たかがり》であった。為時は、大和小泉《やまとこいずみ》藩主で将軍家綱の茶道指南をつとめた石州《せきしゅう》流の開祖片桐貞昌《かたぎりさだまさ》（一六〇八〜七三年）と深い交際があり、為時が江戸出府中、両人がたびたび訪問しあい、しばしば茶の湯に興じた。為時は、ふだんでも同輩の士や千宗左《せんのそうさ》（一六一三〜七一年）などを招いて茶会を開き、また招かれることも多かった。『留帳』には、為時がそうした席に招かれたさいの茶室しつらいがくわしく書きとめられている。また、貞昌に「一休墨跡之表《いっきゅうぼくせきのひょう》具《ぐ》」や、当時第一級の絵師狩野探幽《かのうたんゆう》（一六〇二〜七四年）に「三幅一対」の絵を依頼している。

鷹狩は、当時主君の許可がなければおこなえなかったが、為時は、主君より自分の鷹狩地（和歌山の貴志《きし》）を拝領し、また機会があるたびに多くの鷹を拝領して、主君から許可を得てたびたび鷹狩に出かけた。鷹狩の記事は多いが、とくに、一六六八年一二月八日から一三日にかけて、主君光貞とともに浦和《うらわ》へ鷹狩に出かけた際の記事は、鷹狩の場面などがきわめてリアルに描かれている。

鷹狩り（『絵本鷹かゞみ』）

たとえば一一日の条は、「弁当仕廻《しまい》候て罷帰《まかりかえり》候節《そうろうせつ》、右之川はゞよりハ少せまく大方成《おおかたなる》所ニ、真鴨居《まがもおり》申候ニ付、あわせ候処《ところ》ニ、鴨一間ほと立上り候所をかけ候て、川中水深キ所へ取て寄申候、すけ（助）取参候内五六度も水の中へずぶ〳〵と引こまれ候《そうら》へ共《ども》はなし申さず、真鴨之おん鳥取とめ、無類成手まわせ」と記されている。

ところで、このときの鷹狩は、主君光貞の御供であったが、老年の為時は、数日たつと「草臥《くたびれ》」てしまった。そこで休息したくなり「延引」を光貞に再三願ったが、疲れたなら「乗物」でいき、鷹師のあわせぶりなどを見物せよと命じられる始末であった。そのため、為時はやむなくその後も鷹狩に出かけた。

つまり、鷹狩といっても、自分の鷹狩は娯楽であったが、主君の御供であれば、娯楽の側面よりも公務の側面が強かったようである。

そうしたことは、鷹狩にかぎらず、茶の湯や観能などの場合も同様で、年中行事についてもいえた。たとえば、一六六四年一月二〇日、為時は主家での「具足祝《ぐそくいわい》」を終えて午後八時ごろ帰宅し、「権五郎と自分之具足ノ祝いたし候」と記した。武士としての年中行事も、主家のそれが中心で、家臣は早朝か夜帰宅後、各家でそれぞれ祝ったのである。主君と為時のこうした関係は、為時と生庵についても同様にあてはまることはいうまでもない。

芝居から小旅行まで

さて、以下そのほかの趣味や娯楽について簡単に述べておこう。

紀州藩では、とくに捕鯨《ほげい》がさかんであったが、頼宣は好んで大規模な捕鯨をおこなった。また、大網での漁業や川狩・鹿狩をおこなった。

芝居は、家康の五十年忌に盛大におこなわれたが、その後は一時停止《ちょうじ》になった。しかし、延宝年間（一六七三〜八一年）には復活して、新堀《しんぼり》辺での芝居、勧進相撲、社寺の秘仏などを公開する開帳などがさかんにおこなわれ、城中で芝居が催されたりして、生庵が友人や太郎吉をつれて芝居見物に出かけることも多かった。そのため、家中の芝居見物がたびたび禁止されたが、実際は有名無実だったようである。たとえば、一六八七年九月二四日付の「新堀芝居落首」に、「大坂ヨリ、下手ノ役者ノ下リキテ、ミザルキカサル、雨ハヤマザル」とあるように、大坂あたりの芝居一座が和歌山にさかんにやってきていた。

このころには、園芸や花見がさかんで、為時は、梅見にはじまって、桜、海棠《かいどう》、牡丹、杜若《かきつばた》、蘭、菊などを観賞しており、生庵も牡丹、蘭、菊などを自分で咲かせていた。なお、生庵は、生計のためか麦や筍《たけのこ》などを栽培してもいた。また夏には、若い者のあいだで「弄水《ろうすい》」、つまり水遊びが好まれ、生庵も為隆の御供をしたり、友人たちと楽しんでいるが、水死事件もおこったりした。

園芸を楽しむ武士（『人倫訓蒙図彙』）

ところで、生庵は、一六七八（延宝六）年五月、主人の三浦邸で「浴室」に入ることを許され、これを参考にして、同年一〇月、生庵の家でも「浴室」の普請がおこなわれている。さらに、一六八七（貞享四）年六月に、この「浴室」の修理をおこなっている。その後、一六九五（元禄八）年二月には「銭湯」へはじめて出かけている。このころ、和歌山の城下に「銭湯」が生まれたようである。

そのほか、一般の武士の日常的な娯楽として、碁や将棋をあげることができる。生庵も始終友人たちと対局していた。また、祝宴が、三浦氏のような上級武士だけでなく、生庵のような下級武士の家でもさかんに開かれた。そのため、為時も生庵も、時には泥酔して帰宅のこともわからなくなり、翌日二日酔で公務を休むこともあった。あるいはまた、湯治などが目的の旅行が好まれた。とくに生庵は旅行を好み、京都や鎌倉の紀行文を残したり、家族と社寺めぐりの藩内小旅行にでかけたりしていた。

このように、一七世紀後半には、じつにさまざまな趣味や娯楽がみられたが、最後に、桜の花見の様子をみよう。

桜の下での宴会

春になると、『留帳』に花見の記事がしきりに登場してくる。

たとえば、一六六七（寛文七）年閏《うるう》二月二日に、「土蔵之前之紅梅、先月廿五日時分よりそろ〱盛《さかり》」とあって、梅見のことが記されたあと、八日に、「書院之庭糸桜盛《さかり》ニ候故、今晩雲蓋院《うんがいいん》御立以来、勝手衆寄合《よりあい》花見いたし候」とあり、一二日には、「鵜飼海安《うかいかいあん》老へ立寄、糸桜見申候《みもうしそうろう》処ニ、振廻《ふるまい》ニ逢《あい》日くれ合ニ帰宿」とか、一八日には、「今晩一門之衆又ハ不断出入申され候衆呼候て、宇治屋敷之花例の如く見せ申候、福岡太郎八《たろはち》方内々右之花聞及候間、参られ度《たき》由ニ付《つき》見せ申候、加五郎左殿などいつも見せ申候故《ゆえ》、申越候へ共《ども》叶わず、先約これ有る由ニて参られず候」とみえる。

以上は紀州での花見の様子だが、江戸出府中も同様であった。

一六六九年三月一二日に、「うら之桜咲候《さきそうろう》ニ付、海安水見《すいけん》寄合、今晩花見申候」とあり、翌日には、江戸秤座守随浄林《はかりざしゆずいじようりん》の屋敷に招かれた途中、「其次《つい》てニ上野之花さかりニて見申候」とある。上野に桜が植えられたのは近世初期とされ、後には上野の桜が江戸第一とされるようになるが、もうこのころには、上野が桜の名所になっていたことが知られる。

また、一八日には、「庭前之花いまた散申さず候ニ付、今晩海安水見寄合、花見申候」とあって、散る花を惜しむ風情がよく伝わってくる。なお、一七日には、為時は、生庵に命じて「栢木村《かしわぎむら》円照寺右衛門桜」を観賞させている。おそらく、「右衛門桜」が当時の名所で、生庵にあとでその様子を語らせたのであろう。

寛文年間には、花見はすでにかなり一般化していたが、一七世紀末になると、ようやく現代の花見に似たスタイルがみられるようになってきた。

『家乗』の一六九五（元禄八）年三月九日の条に、「近臣酒肴を明君（為隆）に献じ、花の下に大宴す、臣これに預かる、一人ごとに鳥目十疋（百文）を出す、後に百八文これを出す、辰時（午前八時）出でて戌時（午後八時）帰る」とある。右の記事から、三浦氏の家臣が金を出しあい、早朝より夜まで、桜の花の下で主君とともに集団で宴会をしている様子がよくうかがわれる。

こうした風景は、現代のサラリーマンなどが金を出しあって、早朝から席取り合戦をし、集団で花見をしている光景とじつによく似かよっている。

7　家臣の作法

加賀藩の勤務心得

これまでは、主に紀州藩を素材にして、武士の日常生活のさまざまな側面を考察してきた。本章をおえるにあたって、これまでの補足として、まず加賀藩では、公務での勤務心得がどのようにして整備されていくかを検討したい。そのうえで、近世では、公務と私生活とがいかなる関係にあったかを考えてみたい。

家臣への勤務心得が、加賀藩で比較的まとまって出されるようになるのは、加賀藩の三代藩主前田《まえだ》利常《としつね》（一五九三～一六五八年）のころからである。そうした勤務規定のなかで、『加賀藩史料』に掲載されている一六三〇（寛永七）年から一六九八（元禄一一）年までの主なものを抜き出してまとめたのが表6（二四一ページ）である。この表を使って、家臣の公務での作法化がどのように進められていったかをみていこう。

まず目につくのが、一六三六（寛永一三）年から一六三九年にかけての時期である。

ちなみに加賀藩は、もともと織豊取立大名であったが、関ケ原戦後、利常の奥方に徳川秀忠の娘珠姫を迎え、さらに大坂の陣では大軍を大坂に派遣するなど、徳川氏への恭順の意を示して、生き残りを実現した。そして、寛永期（一六二四〜四四年）に入って、農民統制などの領内支配制度を整備するとともに、それを担う藩の財政・民政関係の諸組織を次第に整備していった。こうした状況のなかで、一六三六年から一六三九年にかけて、作事奉行、郡奉行、金沢町奉行、算用場、普請奉行、組頭などの勤務心得が一斉に定められたのである。

同時に、利常が一六三九年に隠居し、光高《みつたか》（一六一五〜四五年）が当主になっていることから、この時期の制定は、代替りを念頭においた家臣統制でもあったことが知られるのである。

その後、一六四〇年代以降は比較的少なく、一六五八（万治元）年以降また多くなっている。この時期に増加する理由は、ひとつには、四代藩主となった光高が、一六四五（正保二）年に死去し、その跡目を継いだ綱紀《つなのり》（一六四三〜一七二四年）が幼少であったため、利常が綱紀の後見人を勤めたことによる。

その点はつぎの史料によって確認できる。一六五八年に死去する利常は、その前年につぎのような組頭の勤務心得を定めている（以下特に注記のないものは、すべて『加賀藩史料』による）。

一、向後御家中御仕置之儀、急度《きつと》御正《おただし》成《な》さるべくと思召され候付て、今度年寄中其外役々をも御究成され候事

一、年寄中之義は勿論、其外御家中之風俗宜く、心得も悪くこれ無き様にと思召され候、然ば其組頭共儀は、侍之頭をも仰付置かれ候上は、万事風俗宜く、組中之手本にも罷成候様に心得仕

るべき事、左様にこれ無く候得ば、組頭仰付けられ候詮もこれ無くと思召され候事
一、組中之者共、心得悪敷これ無き様に、此段能々相心得申すべく候、人々善悪をも能く考置、
御尋之刻具《つぶさ》に申上様に仕るべき事
一、与《くみ》中之者共介抱仕、成立候様に相心得申すべき事
一、頭共心得疎略に仕候はゞ、御聞届急度仰付けられ候事
一、猶以って連々御仕置之儀仰出さるべく候、唯今仰聞けられ候通、与中人々召寄申聞かす儀と
は思召されず候、連々語置申様に仕るべき事

右の史料にみえる組頭は、上級藩士が属した人持組《ひともちぐみ》や中下級藩士が属した馬廻《うままわり》組などの頭をさしている。また、この史料の趣旨は、組頭が「組中之手本」となり「与中之者」の「成立《なりたち》」、つまり生活の安定が実現するよう配慮すべきことを求めたものである。この点にかんしては、後でくわしく検討していく。

ここで注目したいのは、最初の条に「向後御家中御仕置之儀」云々とあり、最後の条で「連々御仕置之儀仰出さるべく候」と述べていることである。利常が後日、家臣の勤務心得を制定していく心積りであったことが推測される。

この時期に増加するもうひとつの理由は、利常の死後、将軍家綱が綱紀夫人の父保科正之《ほしなまさゆき》を綱紀の後見人とし、さらに、一六五九（万治二）年と翌年に、国目付が幕府から加賀藩に派遣された事実で

ある。つまり、一六五八年以降の諸法令・諸規定の公布は、幼年の綱紀治世を安定させるため、利常の意図を幕府の権威を背景にして貫徹させていったものと考えることができるのである。

かくして、一六五九年と翌年にかけて、金沢町奉行、郡奉行、寺社奉行、作事奉行、会所《かいしょ》、算用場、普請奉行、公事場《くじば》などの勤務心得が矢継ぎ早に定められていった。そして、この両年にかけて整備された法令・規定は、その後、加賀藩で祖法化され、基本法として機能していくことになったのである。

さらに寛文期（一六六一～七二年）になると、七〇歳以上の勤番赦免から、湯治や病人看護、養子など、さまざまな諸規定が新たに加えられる一方で、老臣にたいする勤務心得がくりかえし定められていった。こうして、一六六九（寛文九）年以降、綱紀の「親政」が開始されていったのである（若林喜三郎『前田綱紀』）。

家臣団の吏僚化

さて、右のさまざまな勤務心得をすべて検討するわけにはいかないので、ここでは組頭の勤務心得を中心にして考えてみよう。

先に引用した組頭の勤務心得では、組頭が「組中之手本」となり、「与中之者」の「成立」を実現することが求められていたが、その具体的内容にはふれていない。それは、すでに一六三九（寛永一六）年に定められていたからである。「与頭中」に宛てたその史料をつぎに引用する。

一、参宮湯治之事、与中書付に与頭奥書仕、安房守（老臣、本多政重）・山城守（老臣、横山長知）

方え渡置申すべく候、罷帰刻も右之通に仕るべき事

一、与中出入之事これ有るにおいては、其組頭は申すに及ばず、惣与頭中も談合、疎略仕る間敷事

一、若し近辺火事等これ有るにおゐては、一与々々寄付与頭仕、城外に道筋を明相詰、因幡守（老臣、奥村易英）指図次第城内へ入申すべく候、居申候所々与頭中相談致し、所を相定め申すべき事

一、与中殺害人之しめ走者追懸申事、与中番を相定、油断これ有間敷候事

一、頭へ年頭には与中礼に参るべく候、与中病人これ有らば、名代を遣申すべく候、一年に一度、与中は与頭方にて振舞申すべく候、振舞之品定書別紙遣候事

一、与中之儀言上仕るべき儀は、封を付会所へ渡置、江戸へ指越申すべく候、与中断申事、道理相聞申さざる事は、吟味致し言上仕る間敷候、与頭吟味仕候通、証明に候其人々書付は、第二に候与頭書付仕、相添越申すべく候

すなわち、まず第一条で、伊勢「参宮」や「湯治」は、「与頭」の証明をもらい老臣に届け出ることを規定し、そのあと二条は「与中出入」、三条は、出火時の登城、四条は、「与中殺害人」の追捕、五条は、年頭の御礼や「病人」の名代、六条は、「与中之儀言上」と、それぞれにかんしての作法を規定している。

このように、組中の士は、組頭の下で何事にもその指図をうけて行動することが求められていた。組頭は、「侍の頭」として「与中之手本」となることが期待されたのである。

右にみたように、一六五九年と翌年にかけての法令は、全般的に、寛永年間の法令を基にしながら、他方で、行財政組織の整備に歩調をあわせて、諸制度の厳正化と家臣団の吏僚化とを図っていったといえるのである。

こうした動向にたいして、家臣の側では、これら一連の諸法令制定をどうみていたのだろうか。たとえば、一六六一（寛文元）年五月八日付で、綱紀が加賀にはじめて入国する直前に、保科正之に宛てて出された、老臣本多《ほんだ》政長《まさなが》の「政長言上書」（原昭午『加賀藩にみる幕藩制国家成立史論』）は、つぎのように述べている。

万事御法度之品多、毎度相触申付、自然ハ存違たる者御座候て御法背も出来ニ候へバ、却て他国へ之きこへも如何ニ御座候間、公儀の如くこまか成事ハいるかせ（忽）ニ成され然るべく存じ奉り候

すなわち、「御法度之品」が多く、「こまか」すぎると批判しているのである。おそらく、この政長の見解が家臣の意見を代弁していたのであり、家臣のあいだに不満がくすぶっていたのである。

家臣の不行儀

その結果、一六七三（延宝元）年に、いわゆる城尾屋事件がおこった。この事件は、もと老臣前田直作の中小姓であった城尾屋惣右衛門が、出仕のかたわら「大頼母子」や「米切手の売買」などで蓄

財し、致仕後、扇子屋を開業し、家中の子弟を集めて散財し、多額の借財をかかえたため、一味ともども「欠落」し、藩の「追手」をうけたものである。惣右衛門は三河で追手の者が殺害し、他に、刎首一名、獄門《ごくもん》一名、切腹六名、流罪《るざい》二名のほか、殺害、成敗、追放、閉門など、多数が断罪された。

綱紀は、この事件の報を江戸で受け、翌年二月四日、老臣に宛てて事件の処理を指示した。綱紀の指示の主眼がどこにあるか、要点を引用しながらみていきたい。

まず、「彼者共不義之仕形万代未聞候」と述べ、よくよく吟味すべきを指示する。ついで、親の処置や追捕のことにふれたあと、「ひとへに落著以後之仕置大切至極」と述べて、事後策の大切さを主張し、さらに、「皆々初常々之作法正しからず候ては、我等存寄仕置之筋目も立て難き事と存候」と述べ、最後に、「右悪行之者出来候義、今更之事と存ぜず候、当時歴々を初、行跡之正敷はまれに、不作法之族多之事候、此等之不行義之者も、皆以って生得心底之悪敷にあらず候、仕置之是非に随ひ、よくも成あしくもなるべき事候、若し向後申付仕置聊も宜敷候ハゞ、件之不行義之輩も心智之程に随ひ、大概あしき者にてはこれ有間敷候」と、今後の「仕置」次第で、「不行義之輩」が改心するだろうとしめくくっている。

綱紀は、この事件に大きな衝撃をうけ、家臣の「不行義」を改めるべく、新たな「仕置」必要性を痛感していた様子がわかるが、実際にすぐさまそうした行動が開始されたのだった。

組頭の心懸け

綱紀は、一六七四年一一月一五日、組頭にむけて勤務心得を定めた。長文だが、以下の記述に関連するので、全文を引用しておく。

一、組頭たる者は、数多侍をも指引申付置事に候得ば、別て心底を相嗜、内外作法及ばず迄も、組中ならはしにも罷成様に心懸る義第一に候、若し頭々の行跡宜からず候ては、組中の作法等正敷様に支配仕義成り難く、却て組中おこたりの端たるべきの条、堅く此旨を存ずべき事

一、組中平士の心得作法以下存ずべき義、組頭専要之心掛たるべし、先年も此段申聞候得共、猶更其意得べく候、不時に組中の様子相尋る節も、委細言上に及ぶべき覚悟尤に候事

一、常々組之面々を近付、作法躰見届くべく候、勿論心底正敷、内外之行跡嗜候様、より〳〵申聞すべく候、作法好まざる者候はゞ急度異見を加へ、随分其作法改候様心懸くべく候、自然申聞処両三度に及ぶといへども、其旨を承引致さず、不行義之族は聴に達すべく候事

附、組々之輩之内外異見之品、其心得肝要に候事

一、組中え対し、聊無礼之仕形これ有る間敷候、常に謹慎を加へ、疎意を存ずべからず、若し私心を以って親疎を立る族は、組頭之所存にあらず候事

附、万事侍の筋目を失わず、厳重に支配致すべき事

一、組之輩連々勝手不如意に付助成を加え候処、曽て其しるしなき者もこれ有り、剰え一両年は

手前行詰候族多候由、沙汰之限に候、今より以後堅く私之栄耀を致さず、家業専一に心懸くべき旨急度申聞、進退成立候様別て介抱致べし、此上故なく勝手行詰、奉公ならざる者これ有る組は、其頭迄越度為るべく候条、随分精を入るべく候、若し又倹約に事寄、利欲にして義理を失ひ、或は無用の器物を好み翫び、或は宴楽遊行として、殊には不行義之色好、其外侍に似合ざる事業これ有る輩は、曲事為るべき事候条、兼て其旨を存ずべき事

附、組中定之如く、武具・馬具等相嗜、且又平生人馬所持せしむる様子、見届置くべく候事

一、組中拠無き子細これ有り候て、勝手行詰候者は見届け、其旨趣言上致すべく候、何之故なくして進退成らず、奉公勤め難き輩は是又不届き為る事

一、芸能に付召出者は、第一其業作油断せしめず様、常々申聞すべく候、尤其勤之浅深、急度見届置くべく候、自然懈怠に依り家業仕下候族は、不覚為るべき事

一、今般家中之者共、忰不義不作法之事業仕候義、元頭々之指引油断これ有る故候、向後組中連年之悪事見遁置におゐては、組頭に至迄不届為るべく候事

一、件之者其外是にも限らず、不行義の者もこれ有る由、其聞えありといへども、今般迄所存候て吟味に及ばず候間、左様之不覚悟ものは急度是をたゞし、其上を以って改めざる輩は、其子細言上致すべく候、仮令行跡宜からざる之者、前非を悔、向後相嗜者は、旧悪を存ずべからざる事

全体の趣旨は、組頭が自己の「心底」を正し、よき「作法」を「組中ならはし」となる様に心懸け、また、「私心」や「私之栄耀」を否定して、「家業専一」に努力することや、「不行義の者」は、「前非を悔」い改めるべきことなどが主張されている。

その際、組頭は、「組中平士の心得作法」から「進退（身代）成立《なりたち》」まで、「常々」面倒をみることが主張されていることに注目したい。すでに述べた一六三九年の史料で、組頭への年頭御礼や「振舞」が規定されていたように、組頭は組中の公私両面にわたって世話することが期待されていたことが知られるからである。

公人として生きるべきこと

綱紀はその後、同年一二月二六日に、馬廻頭を集めて、先の組頭への勤務心得についての疑問点を提出させ、そのうえで、勤務心得の一々の条文にそくして、詳細かつ具体的に内容を敷衍《ふえん》・説明した。数ページにわたる長文なので、もっとも重要と思われる箇所を二、三引用し、検討してみよう。

第一何も私これ無き様相嗜、諸事慎みをむねとし、無欲に相心得るべき事専要思召され候、其上仲間中諸事挨拶宜敷様仕、万事和談仕るべく候、何事に限らず談合之時分、私を相立候へば無興之義これ有るべく候、其上私之義は皆欲よりおこり中道理に思召され候、第一皆々役義に付て之事に候へば、公用に候、公用相勤候へば、自分之意趣有るべくの道理これ無く候、自分之私なく候へば万事無欲に付、おのづから和談これ有るべき事に候この部分は、馬廻頭「又兵衛」が、「侍之筋目と御調え遊され候処、何も又々料簡次第に相心得候て、是を一統に相心得るべきと申義御座無く候に付、御序御前之思召を伺、何も一統に相心得申度存じ奉り候」と、「侍の筋目」についての統一的見解がないと、家臣個々が「料簡次第」になってしまうので、綱紀の意向を聞きたい、と伺ったことへの返答である。本文ですでに具体例をあげて述べているのだが、それをさらに一般化して返答したのがこの箇所なのである。

この箇所においては、「仲間中」の「談合」は、「役義」であって「公用」なのだから、「自分之私なく」、「万事無欲」をもってのぞむべきことが主張されている。「役義」として「公用」を勤めるのだから、極力「私之義」をひかえるべきことが主張されたのである。

そのうえでさらに、

人々職分之本道を一筋に相心得、此外脇道これ無しと工夫致候はゞ、退屈これ無き筈之様思召され候、人々職分之外に、或利欲之道を求、或安楽之道を求候へば、脇道え心引け、次第に人々職分之本道苦労に成行道理に思召され候由仰聞けられ候

と述べている。つまり、組頭は、自分の「職分之本道」のみを専一に考え、「利欲之道」や「安楽之道」といった「私之義」に迷うことなく勤めるべきだというのである。かくして組頭は、「公用」を勤める公人としての立場をしっかり認識し、その「職分」を「一筋」に勤めるべき存在なのだとされたのである。こうした綱紀の見解は、組頭からさらに組中へと伝えられていくことで、家臣一般に

「公用」を勤める公人の意識が注入されていったのである。

右の点は、おなじ史料の次の言葉から確認できる。

津田宇右衛門御算用場大役相勤候へば、尤組之義も第一思召され候へ共、左様には又気力相続き申間敷候条、組之義は少用捨致し、御算用場第一相勤むべく候、其組之義は相司これ有り、又は何も仲間これ有る事に候へば、介抱致すべく候条、御前にて仰渡さる義に候間、少も遠慮無く相心得、皆共之如くに組之者共之義は精に入申さず候ても、成るべき様に思召候間、自分之気力を分別致し、それ程相勤、少気力をも養ひ尤に思召され候、去共仰渡され候心得之義急度相守申すべし、其段御免遊されず候旨仰渡され候、御条目之品々組之者共心得之義は、俄に直し申すべき義とは思召されず候、年々を以って以来ケ様に成立候様仕るべく候、面々意得之義は只今よりも相改、直し申すべき事候はゞ急度相勤然るべく思召され候、其段少も油断仕らず、すみやかになほし申すべし、兎角面々手前より諸事急度相嗜申さずしては、組中を直し申すべき道理にてこれ無く思召され候条、此段常々油断なく相心得尤に思召され候

右の史料では、津田宇右衛門が、当時組頭と算用場奉行を兼務しており、両方の職務を全うすることが難しいため、組頭の職務は「少用捨」し、「御算用場第一」に勤めるべきことが主張されている。番方の比重が相対的に低くなり、役方重視の考え方が強まっていることを読み取ることができよう。

しかし同時に、「御条目之品々組之者共心得之義は、俄に直し申すべき義とは思召されず」、「面々

意得之義は只今よりも相改」めるようにとあるように、まず組頭が、率先して綱紀の意向をくんで心得を改め、そうすることで、「組之者共心得」を直していくことが大切だとされていることに注目したい。綱紀の家臣団にたいする考え方がここによく表現されており、組頭は、「組中之手本」となるべきことが期待されていたことがわかる。近世の家臣は、こうした教化を通じて、公人として生きることが求められていったのである。

病者の負担過重

さて、これまで表6によって、一七世紀半ばごろから、家臣の公務にかかわる勤務心得がくりかえし定められ、家臣の公務における作法が整備されていった様子を述べてきた。こうした封建官僚としての作法の体得は、下級武士が微罪での謹慎などにより、吏僚としての作法の体得を求められていた紀州藩の例と揆を一にしており、武士社会全般にわたって体制的に進められたのであった。

ところで、表6でもわかるように、こうした作法の体得は、公務を中心にしながらも、家臣の私生活にかかわる部分、たとえば、病気、喧嘩口論、振舞、屋敷普請、風俗、衣服など、さまざまな局面におよんでいた。その詳細は表6に譲るが、そのうちの興味あるいくつかの例をとりあげたい。

まず病気にかんしてみてみたい。すでにみたように、近世の武士は、健康第一主義を強調しながら、現実には長病などに悩まされていた。加賀藩では、長病によってどのような不利益があったのだろうか。

加賀藩では、他国に出張の際に金銭を支給する制度があり、家臣からその金銭を徴収する出銀の規定があった。この出銀の規定は、一六五九年一〇月に出され、ついで、一六六四（寛文四）年一〇月に改定された。つぎに、一六六四年の「御家中一統出銀之覚」を引用してみよう。

一、百石に付二十五匁充、内十匁は三月晦日切、十五匁は十月晦日切、無役並びに役仕る面々、

御用御番相勤者

一、百石に付七十五匁充、内三十目は三月晦日切、四十五匁は十月晦日切、無役並びに役仕る面々、

幼少人、十二ヶ月越十三ヶ月より之病人、御番相勤御用仰付けらる刻病者之断に及ぶ者

但、由緒無く断申者は、其品に随い急度曲事仰付けらるべき事

一、百石に付百二十五匁充、内五十目は三月晦日切、七十五匁は十月晦日切、三十六ヶ月越三十

七ヶ月より之病人

すなわち、①一般の「御用御番」を勤める家臣は、知行一〇〇石につき銀二五匁の割合で出銀、②幼少か一年以上の病人、あるいは、「御番」を勤めながら、「御用」を命じられた際、病気を理由に断った家臣は、七五匁の出銀で、理由もなく「御用」を断った場合は、その事情に応じて「曲事」とする。③三年をこえる病人は一二五匁の出銀とされている。

一六五九年の規定では、①が一〇匁、②は「御番」を勤めない老人幼少ならびに一ヵ月を越す病人、あるいは「御番」を勤めながら、「御用」を命じられた際、病気を理由に断った家臣が三〇匁、③は

五〇匁となっていた。

まず、出銀額が、五年間で二・五倍に増加していることがわかる。一六六四年の規定で「老人」の文言が消えたのは、一六六二年一二月一日に、「七十以上之面々、御番御赦免之儀、御意次第申渡すべく候条、向後其意を得られ、寄合所迄書付御上げ有るべく候」と、七〇歳以上の家臣が、勤番を解除されたことによる。

それにしても、長病の者の負担が、健康な者にくらべ相当に重いことに注目したい。たしかに一六六四年の規定では、一年以上の病人が対象となっており、一六五九年の規定が一ヵ月以上だったことにくらべれば、かなり緩和されたといえる。しかし、一年以上三年未満の病人が健康者の三倍、三年以上の長病にいたっては五倍の負担を負わなければならなかった。病者であれば、治療などに出費がかさむにもかかわらず、健康者より重い負担を課されたのは、家臣が「公用」を勤むべき存在と考えられていたからなのである。

ところで、一六六六年九月には、病人の看護にかんして、つぎのような規定が定められている。

祖父母・双親並びに妻女、大切之煩これ有る節は、其趣を組頭に達し、御番を引き看病遂ぐるべき事

このあと、「兄・姉急病」の節や、「子並びに弟・妹・伯父・伯母・甥・姪・従弟・親類・縁者大病」の節に「看病」人がいない際にも、欠勤が認められている。

右の史料では、「祖父母・双親」とならんで「妻女」があがっていることや、「親類・縁者」といった、今日では考えにくい範囲までが、「看病」の対象になっていることに注目したい。「妻女」の位置が比較的高かったことや、病気への対処が、当時の武士社会でひとつの重要な課題になっていたことを示しているからである。

偽の診断書を提出する者も

右にかかわって、同年九月に、家臣の湯治や転地療養にかんしてつぎのような規定が定められている。

一、御家中面々煩候刻、湯治御暇申上げるにおいては、御扶持人医師書付を添上げるべし、縦令医師書付これ無くと云共、右医師誰指図を受け候趣書加えるべき事

一、年中両度湯治致すにおいては、最前之医師書付にて断立て申すべく候、自然病躰替るにおいては、其品を書付上げ申すべく候、年を隔て湯治せしめ候はゞ、勿論医師之書付を取り、上げるべく候事

一、当地において本復仕り難き病人、養生の為上京之御暇申上候はゞ、御扶持人医師二三人も療治致させ、其上を以って書付を取り、御断り申上げるべき事

このように、療養のための湯治や転地にあたって、一定の作法が定められたのである。しかし、こうした規定は、その運用によっては必ずしもじゅうぶんな機能をはたさなかったようである。

綱紀は、先に引用した一六七四年の馬廻頭への趣旨説明でつぎのように述べている。

近年病気に付或は湯治或上京仕者ども、組頭方より添書、医者差図之書付指添指上候義抔、ケ様之処侍之筋目に思召されず候、其者病気躰組頭見届、或は上京・湯治之義は然るべく存ずる了簡候はゞ、医者添書に及び申間敷処、其者の病気躰医師指図におほせ、組頭不念なき処之為に仕る処、筋目に違候義に候、医者書付を証拠と存ずる処如何敷候、其上病気者、知音之医者これを願い、指図願候へば、いかでか書付出間敷候哉、左候へば不届者にても、吟味不定の処に思召され候

つまり、組頭が組中の実情をよく把握していれば、医者の添書など不要なのに、組頭が医者まかせにして、自分の責任を果たさないところに問題がある。そのため、「知音之医者」に願って、偽の診断書を提出するような「不届者」があらわれるのだというのである。こうしたことからも、病気が武士社会で大きな課題であったことがうかがえる。

「御為大切」——喧嘩口論での作法

一六六五年三月一〇日に出された喧嘩口論にかんする定書には、つぎのように記されている。

一、喧嘩口論之刻、親子兄弟知音為ると雖も、其場え馳集まるべからざる之旨、前々より御定之通弥相守るべき事

一、喧嘩相手之儀、御吟味を遂げられ仰付けらる事に候得ば、一門縁者知音之者共、其場え出向

仕るべきに非ざる儀候、自然其場において双方好《よしみ》之者出合、又申分出来致し、事大に成候へば、御為大切之儀候、然上は御為悪敷儀と存候ば、如何様に手前迷惑に存候共、罷出間敷事に候、此趣承引致さず、自然参出で仕る者候はゞ、却て不覚悟為るべしと思召され候事
一、前々より御定之通、組頭中罷出裁許致すべく候、組頭参向致さざる内は、其時之侍共罷出裁許有るべく候、但喧嘩仕出候双方共之一類縁者は罷出間敷事
一、人をあやまり走込人之儀、如何様之子細候共抱置申間敷候、若し隠置、以後出入等出来致し候得ば、御為に対し悪敷候、是又人々其趣存ずべき事
一、出入りがましき儀は申すに及ばず、何程之儀にても、組頭を指置断等申入間敷候、組頭指図を受くべき事

右の史料で、「親子兄弟知音」や「一門縁者知音」の参集が禁じられているのは、喧嘩が個人対個人のものから集団対集団に拡大することを防止するもので、戦国法以来のきまりであり、とくに目新しいわけではない。

むしろ、この史料で注目したいのは、「双方好之者出合」い、事件が拡大すれば、「御為大切」、つまり主君の為が第一であるはずなのに、結果的に主君の立場を悪くするのだから、もし「御為悪敷」と思えば、どれほど「手前迷惑」、つまり武士としての面目を失うと思っても忍耐し、参集すべきではないとされている点である。四条目の「走込人」の取扱規定でも、「御為に対し悪敷候」と同様の

論理が採用されているように、「御為大切」に生きることが、武士個人の面目よりもはるかに上位の価値を与えられている。家臣は、「公用」の面だけでなく、私人の立場でも、いわば公人として生きるべきことが期待されたのである。

家格差と階層差

さて、本節をおえるにあたって、近世の武士にとっての公務と私生活の関係について、私なりのまとめをしておこう。

前近代の社会では、現代とは違って、公と私の分離は明確でなかったとよくいわれる。しかし、現代でも、日本社会で両者が本当に截然と分離されているかといえば疑問であるし、逆に中世まで遡れば、近世の方がはるかに分離されていたともいえ、この関係は相対的なものにすぎないといえる。そこで、近世では、「公」と「私」の関係がどのような段階にあったのかを少し考えてみたい。

その際、公と私一般にまで問題を拡大すると、収拾がつかなくなる恐れがあるので、ここでは主に公務と私生活にしぼって考えていく。

将軍や大名など上級武士の世界では、表向と奥向とが空間的にも時間的にも一応わけられ、一定の制度として分離されていたといえよう。すなわち、空間的には、屋敷内の間取りが、表向の公務をとる場と、奥向の私生活の場とが分離され、それに対応するように、それぞれの時間も分離されていたからである。

たとえば、一六六一年七月一九日に出された月番老中の勤務心得では、「朝は四つ（午前一〇時）に登城致し、晩は八つ（午後二時）に退出、但、用所これ有る時は各別の事」とか、「公事場、町奉行、寺社奉行、会所、普請奉行、作事奉行、割場、下行割与頭、物頭用所これ有る刻は、城において相談致すべき事」とある。すなわち、午前八時出勤が一般化するなど、時期により変動はあるが、出勤・退勤時や「城」での相談が定められているように、時間や空間にかんして、次第により詳細な規定となっていくのである。

だが、この空間的・時間的分離については、そこに主君と家臣の関係が絡んでくると、問題はそう単純ではない。すでに述べたように、為時の鷹狩や具足祝、生庵の侍読などのように、主君にとっての私生活は、家臣の「御用」によって維持されていたからである。つまり、近世段階で公務と私生活の問題を考えようとすれば、身分関係を無視してはならないことがわかる。ただ、武士としてはおなじ身分に属するのだから、正確にいえば、上下の身分的秩序に規定されていたといえる。この上下の身分的秩序は、武士内部の家格差と階層差によって維持されていたのである。

武士たるものの「本務」とは

ところで、近世の武士は、すでに述べたように、初期までの戦闘者中心の役割から、次第に行政担当者の役割が重要になっていった。前者の段階では、武士の公務の中心は軍役をはたすこと、戦場で手柄をたてることにあったといってよい。しかし、一七世紀半ば以降、実質的な戦闘がなくなっていくと、この側面は形式化、形骸化し、公務でありながら実態を伴わないものとなっていく。

他方で、行政担当者の側面が主要な公務として、より重要性を増していった。役方の勤務心得が、紀州藩や加賀藩で、一七世紀半ば以降、次第に整備されていったことは、すでにみたとおりである。幕府でも老中制や寺社・勘定・町奉行の三奉行制などが整備されていったのである。

かくして、一七世紀半ば以降、それぞれの職掌にたいして、こと細かな規定が定められ、武士はそのなかで与えられた「職分」を「一筋」に勤めることが求められていく。そうした「職分」は「役義」であり「公用」であって、そこに「自分の私」をさしはさむ余地は許されなくなったのである。

こうして、私生活は二次的なものとされ、「公用」を十全に勤めることが、武士たるものの本務とされていく。武士は、封建官僚として「公用」を勤める存在、つまり、公人として生きるべきことが求められていくのである。ただ、そうした武士像は、主君の側から求められた理想的な家臣像であり、家臣の側が必ずしも同様の家臣像を理想とした訳ではなかったはずである。こうした問題は、次章でさらに具体的に考察していこう。

第三章　武士の精神をとらえなおす

1　武士社会の道理

個性をもつ武士たち

すでに述べたが、近世の武士は、戦闘者であると同時に、治者であり行政担当者であった。こういうと、近世の武士の姿はいかにも平板で、個々の武士の姿はほとんどみえてこない。だが、『鸚鵡籠中記《おうむろうちゅうき》』の朝日重章《あさひしげあき》（神坂次郎『元禄御畳奉行の日記』）、『思忠志集《しちゅうしじゅう》』の天野長重《あまのながしげ》（氏家幹人『江戸藩邸物語』）、『公儀所日乗』の福間彦右衛門（山本博文『江戸お留守居役の日記』）、あるいは赤穂義士《あこうぎし》の面々（田原嗣郎『赤穂四十六士論』）など、これまでにもよく知られた武士の姿は、それぞれが固有の顔をもった存在である。

おそらく、後者のほうが実情であり真実に近いのであって、近世の武士は、個々がそれぞれ固有の顔をもちはじめたこと、いいかえれば、個々の武士がそれぞれの個性をもちはじめるようになったところに最大の特徴があるといえるのである。

通説では、戦国期の武士は個性的だが、近世の武士は類型的・画一的であるとよくいわれる。しかし、近世の社会は、戦国期までとくらべてはるかに複雑さをまし、社会の多様化のなかで、分業がいっそう進展した。その結果、戦国期の武士は、戦いに勝つことが生活のすべてであったが、近世の武士は、一定の〝平和〟のなかで、多様な生き方が可能になったと考えるべきだろう。

戦国期の武士の個性とは、戦闘というごく限られた領域においてしか発揮されず、いわば強者にのみ許された特権なのであった。だが、近世になると、武士はそれぞれの才能にしたがって、より大きな可能性のなかで、自己の個性を発揮する場が拡大されていった。そうした事情は、現代が、社会のいっそうの多様化のなかで、一面で類型化・画一化が進行すると同時に、他面で個性的な生き方が可能になってきていることを想起すれば、よくわかるはずである。

つまり、個性とか類型化といっても、それはいわば相対的なものにすぎないのだから、単純に個々の人間を比較するのではなく、社会の多様化の度合とか、分業の度合を尺度にして考えてみることが大切なのである。その意味で、近世の武士は、前代にくらべて、一面で類型化・画一化の傾向をまぬがれないとしても、他面でさまざまな個性をもつことが可能になったといえるのである。

自力救済の否定

だが、近世の武士といっても、大名と家臣といった相違にとどまらず、家臣団の内部にもさまざまな階層や家格のちがいによって、じつに多様な姿があった。その全体を描き出すことは、とうてい無理である。そこで本章では、近世武士の治者であり行政担当者である側面、つまり公人としての側面に照明をあてながら、一七世紀から一八世紀前半にいたる時期を中心にして、武士の精神生活をみてみよう。

近世の武士のあり方は、兵農分離と自力救済の否定によって大きく規定された。すなわち、武士は、兵農分離によって在地での自立性を否定され、都市で封建官僚として生きることを余儀なくされた。また、法によって自力救済行為を否定された結果、地縁的・血縁的な集団の力で、紛争を自力で解決することが原則としてできなくなった（勝俣鎮夫『戦国法成立史論』）。そのため、近世の武士は、仇討《あだうち》や喧嘩などによって、武士の戦闘者としてのエネルギーを単独で発揮するしかできなくなった。近世の武士が中世の武士と根本的に異なる点は、まさにこの点にあったことを銘記しておきたい。

内面から発する「威光」

儒者は、「安民」つまり民衆の生活を安穏《あんのん》にすることを共通の理想に掲げていた。現実の政治がいかに虚偽に満ちていたとしても、「安民」がスローガンとして近世を通じて生きていたことは事実である。だが、現実の政治を担ったのは、いうまでもなく武士であった。そのため、儒者は、それぞれの立場から、武士にこの理想を実現させるべく努力した。つまり、武士に公人として生きることを求めた。儒者が理想とした武士像は、すべてこうした考え方のもとに成立していた。そこで以下、儒者は、武士がどのような存在であるべきだと考えていたかをみておこう。

第一章のはじめにも登場した近世儒学の祖とされる藤原惺窩（一五六一～一六一九年）は、大名の任務を「天下の主人のやく《（役）》は、万民を飢えず寒《こご》えずして、人倫を教て、善人を以て治めさする」ことだと規定する。そのためには、「よき人を知り」、「財をなす」ことの二つが大切だという。大名は、よき家臣を見分け、実際の統治をその家臣たちに委ね、藩財政を豊かにすべきだというのである。

そして、大名は、この任務を実現するために、自己の内面性を鍛《きた》えること、つまり、統治者としての主体を確立することが求められた。それは、「心に徳をそなへ、身に行《おこない》をただしくし、敬《つつしみ》あれば自《おのずから》みるより威光ありて、人がおそれる」（『寸鉄録』）からである。統治者としての主体を確立することで、内面から発する「威光」がおもてにあらわれ、臣民を威圧することができると考えたのである。こうして、大名は、治者としての統治的主体を確立すべきことが強調されていったのである。

君のために家を忘れる

ところで、惺窩の段階では、まだ大名と家臣における役割のちがいは明確に意識されていなかったが、しだいに両者の差が意識されていった。

播磨《はりま》国姫路の豪商の家に生まれ、のちに京都に出て惺窩に師事し、林羅山《はやしらざん》（一五八三～一六五七年）・堀杏庵《ほりきょうあん》（一五八五～一六四二年）らとともに惺窩門四天王の一人とされた那波活所《なばかつしょ》（一五九三～一六四八年）は、はじめ肥後《ひご》藩の加藤忠広《かとうただひろ》（一六〇一～五三年）に仕え、そのもとを辞去したあと、一六三四（寛永一一）年から紀州藩の徳川頼宣《とくがわよりのぶ》に仕え、そのブレーンとして活躍した。活所は、一方で、大名の任務を悜窩とおなじく、「安民」におきながら、他方で、家臣のあるべき態度としてつぎのように主張する。

すなわち、「忠臣義士」とは、「君の為《た》めに家を忘れ、国の為めに身を忘れる」（『活所遺藁《いこう》』）ことだという。家臣は、自分の家のことより主君のためを思い、自分一身のことより藩のためを思って奉公すべきだとされる。そこには、大名の側から家臣に要求されてくる、滅私奉公的な考え方がみてとれる。

それと同時に活所は、当時の武士が、出仕のことのみに汲々《きゅうきゅう》とし、言うべきことを言わず、おこなうべきことをおこなわない実態を、手足の不自由な乞者の境涯にたとえ、そうではなく、一般の武士もまた治政に主体的に参加すべきことを主張する。そのためには、家臣が「死を顧みざる」勇をもって主君に諫言《かんげん》することが大切だという。家臣が、自己の社会的存在であることを自覚して、自己の任務を主体的にはたすことで、治政に積極的に参加すべきだというのである。こうして、武士は、それぞれの地位や職務に応じて、そのはたすべき役割が区別されながら、自己の役割をはたすことが求められていったのである。

「人君」を助ける「役人」

だが、一七世紀後半になり、社会に一定の〝平和〟が実現されてくると、武士の職分を「民を治る」ことと規定するだけでは不十分になってきた。そこで、武士の職分とは何かといった問題がさかんに議論されるようになった。

その際、役方《やくかた》の武士は、それ自体治政に直接参加しているので、その職分の正当性はある程度認められたのだが、番方《ばんかた》の武士は、〝平和〟な社会のなかでその存在の正当化を図ることが強く要請されてくるのである。

山鹿素行《やまがそこう》（一六二二〜八五年）は、「士若《もし》つとめずして一生を全く終るべくば、天の賊民と云べし」（『山鹿語類』）と述べ、武士は奉公してはじめて一人前の武士だと主張する。そのうえで、「士は三民（農工商）の長として、道を説き教を述ぶべき者」（『山鹿随筆』）とする。武士は本来、「三民」にたいして「道を説き教を述ぶべき」ものとして、その存在の正当性が主張されたのである。

しかし、番方の武士は、そうした職務に携わらないのだから、自己の「武将の家職」（『山鹿語類』）を「死を常に心にあ」てて忘れないようにするとともに、つねに武士たる者の職分がどこにあるのかを「自省《みずからかえりみ》て」心がけていなければならないという、いわゆる心がけ論を展開したのである。

荻生徂徠《おぎゅうそらい》（一六六六〜一七二八年）は、素行の立場をさらに押し進めた職分論を展開した。まず、「農は田を耕して世界の人を養ひ、工は家器を作りて世界の人につかはせ、商は有無をかよはして世界の人の手伝をなし、士は是を治めて乱れぬやういたし候（略）満世界《まんせかい》の人ことごとく人君の民の父母となり給ふを助け候役人に候」（『徂徠先生答問書』）と述べ、「士」もまた「農工商」とおなじく「人君」を助ける「役人」として位置づけられた。

その結果、「人の生付《うまれつき》には気質の偏《かたより》御座候故、文徳《ぶんとく》・武徳《ぶとく》これ有り候、官職にも掌《つかさど》り別に候故、文官・武官これ有り候、物頭・侍大将の類は武官にて候故、武徳ある人尤《もつとも》に候、家老職・奉行抔《など》は文官なれば文徳なくて叶い難く候、平士《へいし》の類は其職掌軍伍に編《あま》る、上卒にて、平生の時も侍衛・宿衛の官にて候得ば、古文書に申候士君子と申類《もうすたぐい》にてはこれ無く候」（同右）とされ、いわば一君万民的な視点から、武士は、役方であれ番方であれ、主君のためにそれぞれの職掌で奉公するかぎりにおいて武士としての正当性を与えられることになった。こうした立場は、一七世紀末以降、主君の絶対的優位が確立されるなかで成立してきたのである。だが他方で、家臣の主君にたいする諫言が、いわば家臣の心得として、儒者によって近世を通じて重視されつづけたことにも注意しておきたい。

家臣のあるべき道

近世になって、大名もまた家臣の公人としての立場を強調するようになった。松江《まつえ》藩主松平直政《まつだいらなおまさ》は、一六四六（正保三）年に町奉行にくだした訓戒で、つぎのように主張する（福井久蔵『諸大名の学術と文芸の研究』上巻）。

長文だが全文をあげてみよう。


農ハ国ノ本ニシテ、イトタウトキモノ也、サレドモ、民ノ群リ集リ居ルマ、ニテハ竟ニ治ルコト難キガ故ニ、上ニ国王以下諸ノ官職ヲ立設ケテ、民ヲ治ムルノモノトス、サレバ、国主以下下々小役ニ至ル迄、織ラズ耕サズシテ飢寒ノ労ヲ免ル、事ヲ忘レ、高キニ居テ人ノタットブマ、ニ、其本意ヲ失ヒ、民ヲ苛ク会釈コト、尤罪深シ、中ニモ工商、出家、神主、長袖ノ類ハ、無テ叶ヌモノト云ヘ共、是ヲ遊民ト称シテ、実ニ織ラズ耕サズ又民ヲ治ル心モ無ク、徒ラニ賤民ノ労養ヲ受ルノミ也、コレノ如ク、或ハ交易ノ利ニ誇リ、或ハ己ガ司ル仏神ノ威ヲカリ、農民ヲ蔑如ニスル事、以ノ外ノ事ナリ、国主以下下々役ニ至ル迄、右ノ如ク基本ヲ忘レヌヤウニセザレバ冥加ナキニ、況ヤ遊民トシテ、国ノ本トスル所ノモノヲ軽ンズル事其謂レナシ、上ヲ見ナ、身ノ程ヲ知レト、東照宮ナド仰セラレシモ、己々ガ分限ヲ能知レト云事ニテ、国主以下士大夫ハ勿論、遊民ノ属ニ至迄、己々ガモチマヘノ分限ヲ知ルヲ道トス、サレバ、仏神ニ禱リ、福ヲ得ント欲セバ、先ヅ己ガ分限ヲ弁ヘ、身ノホドヲ知テコソ、加護モアルベケレ、其弁ヘナク、農民ヲカロク思フ事却テ禍ヲマネクミチ也、近頃、城下ニ出テ交易スルモノ、或ハ飢寒ニ堪ヘザルモノアリ、或ハ武骨ニテ、宿ヲ求メ得ザルモノアルトキ、是ヲ見テアハレミイタハル事ナク、中ニハ言語ノ争ヲ仕出シ、嘲弄打擲ニ及ブモノアル由、是等ハ無道ニシテ、言語ニ絶シ候、是皆己々ガ分限ヲワスレ、人ノイヤシキマ、ニ、カロクアシラフ事、モノゴト弁ヘザル身ナリ共、罪ノホドハ恐ロシ、、常ニカヤウノ事ヲ慎ミ、ヨロズ其分限ヲ越エズ、商人ハ交易ノ業ヲ事トシ、寺社家ハ其職ヲ守リ、トリドリ、身々、他ノ害ヲナサズ、民ノ労ヲ思ヒ、衣食ノ艱ヲ忘レザル様ニ教導アルベシ、カマヘテモ、遊民ハ益モナキモノト云ニアラネド、農ヲ国ノ本トスルトキハ、ナメテ云ベキモノニア

ラズ、往々此心中喩スベキナリ

直政は、年貢を納める農民は、生産活動に従事することから「国の本《もと》」だという農本主義の立場を基本に掲げ、他方で、大名や家臣は、「民を治る」ことを任務とすると自己規定する。こうした治者意識に立って、両者に属さない「工商・出家・神主・長袖《ちょうしゅう》（公家）」は、生産活動や統治にかかわらないという理由で「遊民《ゆうみん》」としながら、しかも「遊民は益もなきもの」とはせず、それぞれの家職を「分限《ぶげん》」（身のほど）にしたがって勤めるよう、町奉行が「教導」すべきだと説く。

すなわち、近世の家臣は、民衆を支配する治者としての一般的任務を与えられるとともに、家臣それぞれの職務に応じて、それに見合った職分意識をもつことが、大名の側から要請されているのである。

こうした職分意識の注入は、すでに戦国期にもみられた。毛利元就《もうりもとなり》（一四九七〜一五七一年）の嫡子隆元《ちゃくしたかもと》（一五二三〜六三年）は側近の兼重元宣にたいして、戦国大名の側近たる者は、「傍輩中寄合《ほうばいちゅうよりあい》」になじみ、「知音《ちいん》だて」（傍輩に義理を立てること）すべきではなく、「只々〳〵時々刻々間も主人の用が候はん、油断なく聞くべしと心得られ候はではの事」と述べ（『萩藩閥閲録』第Ⅱ巻）、つねに主君の動向を熟知して、主人の御用に立つ心得で奉公すべきことを求めた。家臣同士の結合を重視するのではなく、主君への奉公を第一にすべきことが求められたのである。

だが、こうした主君からの要請とは別に、この段階では、家臣の側から、主君と家臣とはともに助け合うべきだと主張されてもいた。毛利元就の老臣志道広良《しじひろよし》は、隆元にたいして、「君は船、臣は水にて候、水よく船をうかべ候事にて候、船候も水なく候へば相叶わず候か」(『毛利家文書』)と教訓を垂れ、主君は、家臣団あっての主君であることをわきまえるべきだと主張したのである。

右の二つの史料は、戦国期において、家臣に絶対服従を求める主君の立場と、主君と家臣は相対的な関係にすぎないとする家臣の立場とが、相拮抗《あいきつこう》しあっていた状況をよく物語っているのである。

ところが、近世になると、主君を船に、家臣団を水にたとえた志道広良の教訓にたいして、知恵伊豆として有名な老中松平信綱《のぶつな》の嫡子輝綱《てるつな》(一六二〇〜七一年)のつぎのような主張があらわれてくる(『諸大名の学術と文芸の研究』上巻)。

例へば、能《よ》く煮《に》えたる釜の湯えちと水をさせば即熱湯となるなり、多くの水をさせば煮止《にどまる》、火勢不足なればぬるくなる、火盛《さかん》なれば又涌上《わきあが》る、諸事此《か》くの如し、主は火なり、臣は湯水の如し其家に生れその事をつとめずと云ふことあらざらんや、将たるものこのところを思へ

主君と家臣の相対的関係であることを一応認めながら、主君がしっかりしていれば、家臣は主君の意向でどうにでもなるとされ、そのうえで、主君たる者はその任務を自覚することが求められているのである。こうして、主君の優位のもとで、家臣にたいして滅私奉公が求められていく。直政の訓戒は、こうした近世的な君臣関係が定まっていくなかで、家臣の公人としての職分意識を高めることによって、家臣のあるべき道を上からさし示そうとしたものであったのである。

主君による家臣団教化

右に述べたように、近世になると、主君の家臣にたいする絶対的優位とともに、新たな君臣関係が定立されてくるが、そうした状況のなかで、近世的な家臣団の養成が、主君による家臣団教化の形でおこなわれてくる。ここでは、紀州藩祖徳川頼宣の教訓書『南龍公訓諭《なんりゅうこうくんゆ》』によりながら、その具体的様相をみてみよう。

頼宣は、那波活所を藩儒《はんじゅ》に迎え、活所の思想を自己のものとするなかで、大名の第一の任務が、治者として藩政を担当することにあるという自覚をもつにいたった。そうした自覚に立ち、主君を補佐すべき家臣のあるべき態度をつぎのように説いている。

まず家老衆にたいしては、「上の御心根をよく知ぬきたる者御仕置の御手つだいに仕り、御名代を勤る職分」として、家老衆の職務は大名の「御名代」として奉公することだとし、そのうえで、家老衆が主君頼宣と一心同体になることを求めた。そして、家老衆の具体的任務を、①幕府にたいする奉公、②紀州藩の家臣団統制、③紀州藩の民衆支配にあると規定した。こうして家老衆は、「思召《おぼしめし》の本《もと》」つまり頼宣の真意を正しく認識して、自己の職務を遂行していくことが要請されていった。

また一般の家臣は、「其職分を勤る事、外をたゞさんとおもはば内にかへり見て其身をたゞすべし」とされ、自己の内面を鍛えることが求められた。それは、「奉公思入《ほうこうおもいいれ》」をよくするための「心」の重視を意味するが、そのためには、「時宜仕付作法《じぎしつけさほう》」をよくするための「形」の尊重、つまり外面的な儀礼的世界の正しい実践が必要とされた。

そして、この両者に合致した「教のふかき道理」を「物知共《ものしりども》」に尋ねることによって、自己の身体にそれらをともに「染つけ置」くことが必要だとされる。なぜならば、家臣が奉公に励もうとしても、「物ごとになずみうばわ」れること、つまり、「知行俸禄」の欲心に心うばわれ、「女若衆《おんなわかしゅ》」に心うばわれるようなことがあれば、心が「留守」になってしまい、結局「志もたがひ、形の作法もたがふ故に、士の道を大きにけがす」ことになるからであった。

「まことの道」

こうして、「心」と「形」の両者は、家臣が誠実に奉公を務める根拠であり、それは「信の心」をもって奉公することにほかならないとされ、その「真実は忠の一字に皆こもりたる事」とされて、結局主君頼宣にたいする「忠」のもとに統一された。そのうえで、このような頼宣の主張は、それ自体道理にかなった「まことの道」とされたのである。

かくて、「まことの道を聞《きく》に、我心に合たるところあらば我心得の能《よき》を知べし、あわざる処をばならざるまでもねりきたふべし」とされ、家臣は、家臣としての本来あるべき姿を頼宣によって提示され、その目標に向かって努力するべく義務づけられていった。

頼宣は、他方で、「如何様の御意にても、理にあたらずと存事《ぞんずること》は、又はえ得《とく》せざる事は憚《はばか》らず幾度も伺べし、えとくせざるに御詞を卒爾《そつじ》に下へはらいすてまじきなり、但《ただし》、千に一つ理非共に其通りにせよとの御意ある事あるべし、是は御ふくみ有ての儀なればかく別なり」とも述べている。前半は、頼宣が、武士社会の道理を尊重することを述べたものである。頼宣は、主君としての恣意を家臣にそのまま強要するのではなく、武士の登場以来武士社会で形成されてきた道理を尊重し、それにしたがうことを認めていた。

だが後半では、「千に一つ」の例外として、「理非」のいかんにかかわらず、頼宣が自己の意志を通すことを「御ふくみ」あることとして保留していることに注目したい。それは、おそらく藩政にかかわる重要問題をさしているのであり、その点にかんしては、治者として自己の意向をつらぬくことが宣言されている。右の事実は、近世の大名が、一般的問題では武士社会の道理にしたがいつつ、治者として一定の例外局面においてのみ、自己の意向を道理の有無に関係なく主張しえたことを知らせてくれるのである。

「滅私奉公」の真の意味

頼宣はまた、直接民政にたずさわる郡奉行《こおりぶぎょう》や代官にたいして一定の主体性を求めた。すなわち、郡奉行や代官は、他人の目を気にして「御為」によいと思うことをさしひかえてしまうような消極的態度ではなく、頼宣の民政にかかわる意向を正しく認識したうえで、「御為」によいと思うことは自分の裁量で積極的におこなうべきことを求めた。郡奉行・代官の職務は、「手前には構わず、在々の事に於ては指出《さしで》申すべく役儀」だというのである。

つまり、自分の身がどうなるかにはかまわず、自己の職分については自分裁量で専心励むことが求められたといってもよい。それが滅私奉公という言葉の意味なのであり、近世的な君臣関係のあり方が、ここに一言で表現されているのである。

ところで、頼宣はまた、「傍輩《ほうばい》へのたのもしづくと、主君への忠義とをくらべずしては、心儘《こころまま》に相すまざる事をきう《（窮）》ふするはふつがう成る事也」、および、「たとひ至極すまさで叶わざる子細と存候共、思召にあわざる事を無理にすまし度《たし》とは、御家の者にはあるまじき儀也」と述べている。前者は、すでに毛利隆元の訓戒でみたように、「主君への忠義」が、「傍輩」との結合より優先されるべきことを述べたものである。後者は、家臣が主君の意向を無視して行動することを否定し、その否定の論理として「御家」への不忠が設定されていることがわかる。

すなわち、前者での主君個人への忠が、後者ではさらに「御家」への忠にまで拡大されていることが知られる。いいかえれば、前者においては、主君との公的関係が「傍輩」との私的関係に優先されたにすぎないが、それがさらに拡大されて、家臣は、主君個人への忠にとどまらず、「御家」＝藩＝公的存在への忠が要請されるにいたったのである。これが、滅私奉公ということばの真に意味するところなのであった。

さて、近世の主要な対立関係が、領主階級である武士と民衆とのあいだにあったことはいうまでもないが、同時に、主君と家臣のあいだにも一定の対立が存在していた。すでにみたような、藩をこえた横断的な結合を重視する家臣の意向と、それを否定して、藩内のみで完結する結合のみを可とする主君の意向とのズレは、その一つの例であった。また、家臣にとっては、武士の安定的な社会の実現が期待されていたのであり、そうした安定を否定するような、主君の恣意的な専制や悪政は、何としても抑制されねばならなかったのである。そうであるかぎり、家臣には家臣としてのあり方が、別に期待されていたと考えるべきだろう。いいかえれば、主君の側の滅私奉公の強要にたいして、家臣の側はいかなる論理を対置したのかといってもよい。そこで、次節では、こうした点を念頭におきながら、近世の家臣にとっていかなる生き方が理想であったのかを、武士の公人としての立場に留意しながら考えてみよう。

2　出奔・仇討ち・立身出世――多様な生き方

蒸　発

一七世紀後半以降、一定の〝平和〟が実現されるなかで、藩政の確立と安定化がもたらされ、家臣は、すでにふれたように、主君の立場から、封建官僚としてのあるべき作法、たとえば、無断欠勤や遅刻の禁止、大酒飲みの禁止、時間厳守など勤務上のさまざまな守るべき作法を示され、封建官僚として生きるべきことが求められてきた（前掲『江戸藩邸物語』）。そうした状況のなかで、この時期になると、武士内部において多様な生き方が模索されるようになった。まず、その実態を前章でも使用した石橋生庵《いしばしせいあん》の『家乗《かじょう》』によって具体的にみておこう。

『家乗』をみていくと、この時期「出奔《しゅっぽん》」とか「逐電《ちくでん》」、つまり武士の蒸発の記事がとくに目立つ。その理由には、密通や悪事の露見を恐れたものもみられるが、理由不明な場合も多かった。理由不明な場合は、他方で、「家貧して辞禄を請う」とか、「家貧しく仕えるに忍びずして自殺」といった記事がみられることから、貧窮のためによることが多かったようで、下級武士の世界でとくに顕著であった。

またこの時期には、「出奔」にまでいたらないが、出家して「遁世《とんせい》」する者も多く、なかには布施《ふせ》八右衛門《はちえもん》のように、出家して「厭世《えんせい》」の号を名乗るものもあった。

武士から俳諧師へ

ところで、「出奔」したり「逐電」した武士は、その後どのような運命をたどったのだろうか。家老三浦氏の家臣木村七郎左衛門宗春は、『家乗』の著者石橋生庵の俳諧の師匠でもあったが、一六七八（延宝六）年四月二二日に、「家貧して仕えるに足らざる」により「致仕《ちし》」を願い出た。その夜、宗春は生庵方を訪れ、生庵に「心事を語」ったという。そこで何が語られたかは不明だが、後述するように、当時紀州の藩政は乱れ、多くの藩政批判の落書が書かれていたことを想起するならば、そうした状況のなかで貧窮化した宗春が、心中の不満や将来の生活について語ったことが推測される。

その後宗春は、同年六月四日、「雅意に任せ致仕を請うにより越境」とあるように、脱藩してしまう。宗春は、この後おそらく俳諧師として生計をたてていったと思われるのである。また、柴田牧元という武士は、紀州から江戸に出て、四谷《よつや》に住居して「舌耕《ぜっこう》を以って世を渉《わた》」ったという。「舌耕」とは、講談などの弁説によって生計をたてることを意味するので、牧元が講談師として生計をたてるようになったことが知られる。「出奔」や「逐電」した武士の一部は、それぞれのなんらかの特技をいかして生計をたてる道を模索していったことが推測される。

ちなみに、今日、蕉風《しょうふう》俳諧の祖とされる松尾芭蕉《まつおばしょう》（一六四四～九四年）は、もと伊賀上野《いがうえの》の郷士の次男として生まれたが、その後成長した芭蕉は、俳諧の縁によって、五〇〇〇石の大身藤堂新七郎《とうどうしんしちろう》家の嫡子良忠《よしただ》に寵愛され、いったんは武家奉公によって身を立てようとした。だが、芭蕉二三歳のとき、良忠は急死してしまった。そのため、芭蕉は仕官への夢を断念し、俳諧に専念することで、俳諧師として生計をたてる道を歩んでいったのである。

こうした事例から、当時、「出奔」や「逐電」した武士のなかには、芭蕉のように後世にまで名をとどめるまでにはいたらなかったが、自らの特技を生かして、新しい世界に転身していった人びとがかなりあったと推測される。それは、この時期になると、京都や大坂だけでなく、江戸の都市化も進み、地方でも上層農民などを中心にした地域的文化圏が成立しつつあったので、芸能や寺子屋の師匠として、なんらかの文化的能力によって生計を維持することが可能になりつつあったからである。だが他方で、「出奔」や「逐電」した武士のなかには、武士社会からの脱落により、いっそうの貧困のなかに身を沈めていったものも多くあっただろうことが推測されるのである。

頽廃と反抗と

また、この時期には、密通や喧嘩などの刃傷沙汰《にんじようざた》が頻繁におこっていたことにも注目したい。『家乗』によって、こうした事件が当時日常的に頻発していた様子がうかがわれるが、ある上級武士の家内部におこった乱脈の様子をつぎにみておこう。

芦川甚五兵衛《あしかわじんごべえ》は、一五〇〇石の大身だが、一六九一（元禄四）年八月二六日、家庭内の統制よろしからぬため「出仕を停」められてしまった。このとき処罰された人びとは、つぎのとおりである。「盗女古満《とうじよこま》」「媒女世木《ばいじよせき》」「古満夫木綿売《きわたうり》半兵衛」、「前密夫」の「平井八右衛門」の四人、それに「密通乱行僧」四人、計八名が「梟首《きようしゆ》」（さらし首）、芦川氏の家来与次兵衛夫婦が主人より「追放」、蓮心寺と本光寺の住持が「逼塞《ひつそく》」、さらに、質屋又右衛門は、質物を無償で「元主」に返還させられた。右の事件は、上級武士の家内部にも、密通などの頽廃が深くはいりこみはじめていた様子を知らせてくれるのである。

他方、喧嘩や仇討などの刃傷沙汰は、一定の〝平和〟のなかで、戦闘者である武士が、そのエネルギーをはき出す一種の安全弁の役割をはたしていた。長年の辛苦のすえ仇討をはたした長井五郎政時は、「なかなかに、世のつらきこそ嬉しけれ、かからざりせば、名をば残さじ」という歌を残したという。ここには、名利を重んじる武士の生き方がよく表現されている。また、もと奥平大膳亮《おくだいらだいぜんのすけ》の家臣奥平数馬が、一六七二（寛文一二）年二月に、「一等之白羽織《いっとうのしろばおり》、合紋《あいもん》を付、白鉢巻《しろはちまき》」をした「五十人余」をひきつれて仇討した事件もあった。これは「浄瑠璃坂《じょうるりざか》の仇討」として有名な事件で、奥平数馬は大島に流刑後、一六七八（延宝六）年、千姫の遠忌《おんき》で帰国を許され、彦根の井伊家に「百人扶持」で召し抱えられている（『玉滴隠見』）。

武士の喧嘩（『江戸名所記』）

こうした密通や喧嘩・仇討などの刃傷沙汰は、一定の〝平和〟と武士の封建官僚化のなかで、そうした状況になじめず、当面の目標を見失った武士たちの鬱屈した反抗の姿としてみることもできるのである。

武士の立身出世コース

さて、武士社会で立身出世していく一つの典型的なパターンは、主君が世子の時代に近習として側近く仕え、主君が藩主となってからその寵臣《ちようしん》として昇進していくコースである。次に、そうした事例のいくつかを紹介していこう。

『家乗』の一六七三（延宝元）年一一月一八日の条に、二つの落書が紹介されている。

主《しゆう》ノ為　髻《もとゆい》ヲ払フ　六尺ハ　平太ガ輿《こし》ヲ　カヽンタメカハ
侍ハ　皆夕顔ニ　ナリニケリ　垣屋・平太ニ　ハヒマワルナリ

右の落書にみえる「平太」は、岡野平太夫房明のことである。落書の趣旨は、前者が、岡野氏への追従《ついしよう》のため、紀州藩の武士が元結《もとゆい》を切って駕籠舁《かごかき》のわざをし、後者が、遊女のように、垣屋氏や岡野氏に媚《こび》へつらっている様子を皮肉ったものである。岡野氏が、この時期、いかに大きな権勢をふるっていたかを雄弁に物語っている。この岡野氏の昇進過程や権勢ぶりをみていこう。

岡野平太夫の曽祖父は、田中融成という。はじめ後北条氏の重臣であったが、後北条氏の没落後豊臣秀吉に仕え、関ケ原戦後、徳川家康に仕えた人物である。江雪と号して、書や和歌にも造詣が深かった。また、徳川頼宣の母で徳川家康の側室であった養珠院とは、叔姪《しゆくてつ》の関係にあった。

江雪の二男を房次といい、後北条氏没落後、徳川家康に仕え、養珠院との関係から徳川頼宣に附属された。平太夫の父英明は房次の総領で、はじめ頼宣に附属したが、江雪の跡目が途絶えたため、徳川本家に召し返され、知行一四〇〇石を与えられて、一六六三年に六四歳で死去した。岡野の本家は、その後代々幕府の旗本として出仕した。

平太夫は英明の四男で、頼宣の所望で紀州藩に仕えることになり、一六二八（寛永一五）年にはじめて頼宣に御目見し、その後、紀州藩の二代目藩主となる光貞の小姓となった。最初は一〇人扶持、金二五両を与えられ、一六四三年に切米五〇石、一六四八（正保三）年に知行三〇〇石となった。やがて、小姓頭、用人、大番頭へと昇進して、知行一三〇〇石となった。さらに、一六七一（寛文一一）年に頼宣が死去すると、翌年には、「老中ニ差添御用相達」すべきことが命じられ、知行も二六〇〇石に加増された。その後も追々加増されて五〇〇〇石となり、一六九二（元禄五）年には、諸大夫となって伊賀守と改め、一七〇二年に隠居し、一七〇五（宝永二）年に八〇歳で死去した。家督は嫡子一明が相続し、以後代々多くの者が家老になっている。

平太夫は、由緒ある祖先と頼宣の遠い縁戚にあたることで、あらかじめある程度の昇進が期待されていた。しかし、それにしてもその昇進には目を見張るものがあり、二代藩主光貞の幼少期から近侍していたことを抜きにしては考えられない。では、当時の人びとは平太夫をどう見ていたのだろうか。落書によってその様子をみていこう。

『家乗』の一六七三年一一月一九日にみえる落書に、筆頭家老安藤帯刀《あんどうたてわき》を評して、

　思案ダテ　ワキヨリスレド　カイモナヤ　岡野平太ガ　切テ廻レハ

とあり、平太夫には、

　我マ、ニ　栄ヘニケリナ　岡ノ藪　トクヒデ鼻ヲ　突ナ平太ヨ

　人毎ニ　胸を摩《こす》リテ　岡ノ口　平太ガ門ニ　馬ヲツナグハ

とある。

右の落書では、平太夫が安藤氏に代わって藩政を領導し、意気揚々と得意になっている様子が皮肉

られている。そのためか、同年末の落書では、平太夫が「今兵庫」と表現されてもいる。

「邪曲もの」

この兵庫は、もと家老であった牧野兵庫頭のことである。兵庫は、越前国に生まれ、熊野新宮の社人方に寓居していた一五歳のとき、頼宣にその「容色勝れたる」により召し出され、一八歳ですでに大番頭に抜擢されたという。その後、家老となって六〇〇〇石の知行取にまで出世した。

しかし、慶安事件（慶安四〈一六五一〉年）に連座して幽囚の身となり失脚した。一八歳で大番頭への昇進はいささか疑問に思うが、家老まで昇りつめたことは事実である。平太夫が「今兵庫」と評されたのは、その昇進の速さと上昇度が、兵庫に類似していたからだが、また別の理由もあった。それにかんして、兵庫にまつわる一つのエピソードを、少し長いが引用しておこう（『祖公外記』）。

紀州頼宣卿の家儒那波道円《（活所）》、常に御側に侍りて御伽を致されける、或時頼宣卿宣ふは、上古は唐土にも聖人賢人あり、日本にも古しへは賢徳の人も多く、悪人といふ者も人に勝れたる者ありしが、代も次第に末に成り候ゆゑ、左様の事も昔に替りて悪人もさして目立たる者なきは不審也と宣ひければ、道円承りて、左様にては御座なく候、只今御館にても賢者も大悪人も御座候と申すを、それは誰々にてあるぞと問給へば、先道理をわきまへ、法を正し、君をして君道へみち引申さんと旦暮に忘れざる賢者あり、此道円にて候、牧野兵庫（小姓衆にて物頭家老也）と申者大悪人にて御座候、政道に横しまを仕り、後々は心得なき者にて候と申ければ、頼宣卿御不興気にて詞なくして立給ふ、御伽に居たる面々申けるは、御伽にての事は外へはもれぬ事なれ共、扨々不遠慮なる事共、又自慢過言にて笑止なる事と言ければ、道円聊頓着せず、我等を何者とおもひ玉ふぞ、身不肖なれ共、我等は公の御師範を仰付けられて御諫を申上、善道に進め申役人なれば、少しもへつらひなく申上る役儀也、今家士に我こそ道を説く賢者なり、兵庫頭事は、御館中にて能者と言者はなく、不届者といふ道もなき邪曲ものなれば、ありた躰に申たるが僻事かと、直たる剛気者也と語りしを記し置也

このエピソードの主役は、すでに登場した那波活所だが、活所の死去は一六四八（慶安元）年なので、牧野兵庫在職中のことである。ここで兵庫は、「政道に横しまを仕り、後々は心得なき者にて候」と、後の失脚が暗示されており、また、「御館中にて能者と言者はなく、不届者といふ道もなき邪曲もの」と表現されてもいる。先の「今兵庫」という評言は、こうした兵庫像にダブらせているのである。

旧世代の強い抵抗

さて、『家乗』の一六七四年正月六日の条に、「去月晦日之夜、岡野氏新長屋西北之間、塗墨凡五ケ所、何者の為す所か知れず、元三之朝人皆之を見、且つ之を驚き且つ之を悪《にく》む」とある。平太夫新築の長屋が墨で五ヵ所塗りつぶされたというのである。子どもじみた悪戯ではあるが、かなりの憎まれ様が知られよう。

こうした落書《らくがき》などの行為は、一六七七年の落書《らくしょ》「破家般若批判経」にみえる、つぎのような認識がその背景にあった。

先君ノ御仁徳天ニ等ク、其才智月日ノ如ク明也シモ、転変有待ノ風来テ、東代山ノ煙ニ随ヒ給ヌ、其後前朝ノ老臣官位ヲ謝シ、新人古人席ヲ易、渡辺若狭守令綱ト云凶臣出来リ、諸臣ヲ蔑如シ、皆々ウトミハテタル所ニ、水野対馬守重上・岳《(岡)》野平太夫房明ト云大依怙大無道仁共、俄長病本腹シ、先君御逝去正月十日ノ夜半ヨリ、元ノ如ク息災無病ノ身トナリ、江戸弱《わか》山ニ時メキ出ツ、、五十年以来治メ来給シ昔ノ仕置モミクチヤニシ、外ニハ五常ヲトツト山家へ取ノケ、内ニハ神明仏陀ノ教ヲ仕廻棚へ出シ、気儘ニ仕置致ス故ニ、下ノ者餓鬼道へ落テ、非人小屋へ日々ニ移徙シ、侍ハ御借金ニ押ラレ、人馬減少ノ辻ニサマヨヒ、貧苦ノ責タエ難シ

右にみえる渡辺令綱は、先に登場した家老渡辺直綱の嫡子で、一六六七（寛文七）年に出仕し、一〇〇〇石の知行をうけている。同年五月、頼宣が隠居し、光貞が新藩主に襲職している。令綱は、一六六九年に父が病死し（六八歳）、八〇〇〇石の跡目を相続した。

また水野重上は、安藤氏とならぶ付家老の家柄で、江戸詰が多かった。一六五八（万治元）年に家督相続し、一六六三年にはじめて紀州に赴任した。父重良は、一六六八（寛文八）年に死去した。

藩政を指導する人びとが、寛文末年には、このように相次いで新旧交代していた。そうした事態のなかで、新世代のリーダー格となったのが平太夫なのであった。寛文期は、江戸幕府でも将軍家綱を

中心にした、文治政治と呼ばれる新しい政治動向が展開されたのだが、紀州藩でも、新藩主の下で新しい世代の平太夫を中心にした政治が展開したといってよい。そのことが、旧世代の強い抵抗を生んだと思われ、先にあげたような落書の頻出をみたのである。

平太夫は、一六七九（延宝七）年五月の落書「紀州名物」でも、「大欲大依怙物」とか「あがる物岡野平太が身躰出頭」、「似合ぬ物　岡野平太夫平家」、「俄なる物　平太が学問」というように、いたって評判がよくないのである。

光貞の治世は、紀州藩政が混乱し、犯罪などが多発していたことを考慮すれば、こうした落書は、たんに旧世代の不満を表現しただけでなく、かなりの信憑性があるように思われる。しかし、そうした事態がすべて平太夫の責任にあったわけではなく、平太夫がもっぱらその槍玉にあげられた、というのが実態なのであろう。平太夫が、新しい時代の吏僚として、それなりの能力をもっていたから立身出世しえたのか、あるいは、たんなる主君への追従の人であったかは、ここで即断は難しいが、この時代の武士の生き方として、一つの姿を示していることは事実なのである。

一芸で身を立てる武士

三十三間堂の通し矢は、慶長年間（一五九六～一六一五年）から、諸国の弓の名手によって盛んに競われた。『家乗』の一六五六（明暦二）年閏四月二一日の記事によれば、「その濫觴《らんしょう》未詳」としながら、或人の説として、「新熊野観音堂僧初めて此こに射る」とある。

『家乗』はそのあと、一六〇六（慶長一一）年正月一九日の記録を記し、以後、一六五六（明暦二）年に、紀州藩の吉見喜太郎が、九七七九本中六三四三本を通し、「惣一」（先人の記録を越えた者の呼称）となるまでを書き上げている。

この吉見喜太郎は、後に臺右衛門と名を改め、すぐあとでとり上げる葛西園右衛門や、一六八六（貞享三）年に八一三三本を通して「日本惣一」となった和佐大八を育てた人物である。一七〇六（宝永三）年に八三歳で死去している。

ところで、矢数は、慶長期には数百本がふつうであったが、半世紀を経た一六五六年には、六〇〇〇本にまで急増した。弓術が、この間に通し矢として一種のスポーツ化し、一七世紀半ばにいたって、大いに流行していた様子がうかがわれる。そうした風潮のなかで、弓術によって小身から身を立てた一人の武士を紹介してみよう。

天下一の園右衛門

葛西園右衛門弘武は、父喜兵衛友秀の二男として生まれた。喜兵衛は、一六二三（寛永一〇）年に、射芸で召出され、二〇〇石の知行を与えられている。喜兵衛の跡目は、嫡男源五左衛門友明が継いだ。園右衛門は、自力で生計をたてていかねばならない立場にあったといえよう。三浦為時の『留帳』によって、園右衛門の立身出世の様子をおってみたい。

一六六四（寛文四）年五月二八日の条に、「葛西喜兵衛二番目之子、弓能射申候ニ付、十人組ニ仰付けられ、十人組並之御切米《（二〇石）》御扶持方下され候旨仰付けられ、拙者申渡候」とある。園右衛門は、このとき一五歳であった。

その後、一六六七年に、京都で「千射」中「九百六十本」射通して、同年八〇石に加増された。ついで、翌年五月一〇日の記事に、「葛西園右衛門、京都において当月三日矢数仕候、惣矢九千四十壱本、通矢七千七十七本也、七分八リン三毛ニ当ル、未ノ刻（午後二時）ニ先矢数射越、申ノ下刻（午後五時）ニ射納申候由、先矢数ニ四百十壱本射越」とある。『家乗』は、園右衛門が、このときまだ「童形」だったといい、「葛西園右衛門　どれよりも　矢数のかさい　天下一　お名をバそんちよ　其右衛門殿」の落書を書き留めている。

園右衛門は、こうして同年一一月、加増により都合二〇〇石となった。またこの月には、三日に、大老酒井忠清《さかいただきよ》、老中稲葉正則《いなばまさのり》、土屋数直《つちやかずなお》、板倉重矩《いたくらしげのり》などが江戸の紀州邸を訪れ、馬場にて「園右衛門弓」を見物している。結果は、「総矢百三十本之内百廿七本通ル、遠的矢廿本之内十六本あたる、臺右衛門も弓御所望ニて矢十本之内六本通ル」であった。

さらに一二日には、「園右衛門弓珍敷事ニ候間、御見物候様ニと雅楽頭《うたのかみ》（酒井忠清）殿・豊後守（阿《あ》部《べ》正武《まさたけ》）殿仰られ候由」とて、老中久世広之《くぜひろゆき》ほかが紀州邸を訪れた。その様子は、「打かけ通り矢五十本之内一本よどミ申候、遠的廿本之内十五本あたり申候、何れも御ほめ事也、扨御帰之節御対面所ニて、まきわら二たち御覧候、是又先日之通何れも御ほめ成され候、さし矢弓・まきはら弓をも大和

（久世広之）殿御取候て御覧、其外何れも御覧候て御ほめ也」と記されている。ついで一三日にも酒井忠清邸に招かれた。しかし今回は、「風つよく候故、いつも程あたり申さず候由」であった。だが、見物人が「おびたゞしく」あったという。

「何れも御ほめ事」

その後も酒井忠清や阿部正武ら歴々の大名衆に射芸を披露し、翌一六六九年三月一四日に、四代将軍家綱の上覧するところとなった。その直前の三月七日に、久世広之から江戸城へ呼び出され、「打かけ之場所御見せ候て、万様子仰聞かされ」、同九日にはまた、久世広之が江戸城にて、「けいこのため打かけ御的させ御覧候由」であった。

こうした下準備をおえて、三月一四日、本番を迎える。この日午前一〇時前、葛西園右衛門、吉見臺右衛門が江戸城に呼ばれ、再度「先矢ならし仕候様ニと大和守殿御指図ニて、矢廿本はなし候処ニ、十八本打かけ通り申候由」であった。

本番では、「矢百射申候処ニ、九十三本打かけ通り申候由、其後遠的五十本射申候処ニ、四十本あたり申候由、其以後、打かけ五十本射申候処ニ、四十八本通り申候也」と首尾よく勤めあげ、「何れも御ほめ事」をうけ、「園右衛門・臺右衛門　御本殿へ罷上り候様ニとの儀ニて、御時服三つ園右衛門、同二つ臺右衛門拝領仕」ったのである。

為時は、昨夜から「雨風ニて今日も天気悪敷」と心配していたが、「存之外今朝ハ晴天ニて、めいよ《（名誉）》なる仕合ニて御座候」と、当日の天気に一喜一憂していた様子を書き残している。

将軍への上覧を無事おえ、同年三月二二日、葛西園右衛門は御加増をうけ、八〇〇石の地方知行取になった。このとき、吉見臺右衛門も同時に、七〇〇石の地方知行取になっている。園右衛門は、同年閏一〇月、「御弓之衆」を仰付けられている。この年は、まさに園右衛門絶頂の年になったのである。

しかしその六年後、一六七五（延宝三）年六月一九日、園右衛門は二六歳の若さで病死してしまう。子どもがいなかったため、家も断絶してしまった。園右衛門は、二〇石の切米取から、八〇〇石の知行取へと、はなばなしい栄光の短い生涯を駆け足で通りすぎていったのである。

足軽から諸士へ

ところで、一六六九年に通し矢八〇〇〇本で葛西園右衛門を「射越」した尾張藩の星野勘左衛門は、もと紀州藩の足軽であった。勘左衛門は、「射芸を以て諸士並に相成度と望」んだが、紀州藩ではその望みが実現できず、和歌山を去って尾張に仕官替えし、その夢を実現したのであった。三十三間堂の通し矢で「惣一」を実現することは、足軽から「諸士」へと上昇する、一つの手段として機能していたことがうかがわれる。園右衛門もかつてそうした目標に向かって、弓術の鍛練に日々励んだのである。

私欲をはかる武士

ところで、この時期には、賄賂《わいろ》や詐欺《さぎ》まがいの行為によって私欲をはかり、経済的上昇をはかる武士もあらわれてきた。一六八九（元禄二）年一二月、勘定方《かんじょうかた》役人森武介は、「年俸証文」を盗み出し、これを質として肴屋《さかなや》与兵衛から「白銀十二貫八百三十目」を借り、処罰された。この事件では、武介と組頭《くみがしら》西村文右衛門が「斬罪《ざんざい》」、他の勘定方役人七名が「永禁獄」、与兵衛が「追放」、「媒人綿屋喜兵衛」が「禁獄」、さらに文右衛門の子五名が縁坐によって「梟首」、そのほかに「斬罪・追放・籠下（牢屋入）」の者があったという。組頭をふくんだ勘定方の役人が、商人と結託して、集団で不正を働いていたと考えられるのである。

以上みてきたように、一七世紀後半になると、武士世界をとりまく新しい状況のなかで、「出奔」や「逐電」して、自ら新天地をめざす武士や、密通や喧嘩・仇討といった行為のなかに、自己の鬱屈した不満を解消させようとした武士、あるいは藩主側近の立場をいかしたり自己の一芸を磨いて、立身出世していく武士、町人層の台頭のなかで、彼らと結託しながら自己の私欲をめざす武士など、さまざまな武士が生まれてきていた。こうした状況は、当時の一定の〝平和〟のなかで、上からの封建官僚化の動向にたいして、武士たちが多様な対応を示していたことをあらわしている。

だが他方で、こうした動向のなかで、武士としての義理や治者としての責任意識を内面化させることによって、近世武士としての自己の生を主体的に生きようとした人びとも存在した。こうした武士は、いわば自己の公人としての立場を自覚した人びとであったのだが、こうした武士がかなり多数存在していたことが、二七〇年にわたる江戸期の〝平和〟を実現させたのだと考えるべきだろう。つぎに、そうした武士の具体的な生き方をみていこう。

3　家臣としての理想像

「御意」にあえてそむくとき

前章でも登場した加納《かのう》五郎《ごろう》左衛門《ざえもん》直恒《なおつね》は、はじめ徳川家康の小姓として仕え、徳川頼宣の紀州入国にしたがって紀州に移った。その後、大番頭《おおばんがしら》を勤め、一六五九（万治二）年家老の列に加わった。そして、一六六七（寛文七）年、頼宣の隠居とともに家老職を辞し、一六八四（貞享元）年に八九歳で死去した。こうした略歴からもわかるように、直恒は、一方で戦国武士的な思想なり心情をもつとともに、他方で家康の政権統一に向けた心情をも体得させていたことが推測される。

そこで、本節では右のことを念頭におきながら、『加納五郎左衛門行状記』を史料として用い、直恒がどのような生き方をしたか考えてみよう。

直恒の「平生の志」は、「君に仕え奉《たてまつ》るに一命を上《（主君）》へ指上置《さしあげおく》からは、常に御手討《おてうち》に逢と思わずしては忠臣ならず」というものであった。右の直恒の態度は、次節で検討する『葉隠《はがくれ》』の「武士道と云は、死ぬ事と見付たり」という、死にたいする覚悟を基調にした献身の道徳に、一見すると酷似している。だが、直恒の立脚点は、主君への没我的献身にのみ立脚する『葉隠』とは大きく異なり、主君との間に一定の対立をはらんでいた。そこでまず、直恒の立脚点がどこにあったかを考えてみる。

直恒は、「老人（直恒）平日尊み給ふは、天道・主君の事ばかりなり」とあるように、つねに「天道《てんどう》」と「主君」のことを尊重していた。そのさい、「主君」の重視が主君への忠であることはいうまでもないが、「天道」の重視とはどういうことなのだろうか。

天道の語は、たとえば、「天道恐敷《おそろしき》次第《しだい》なり」といった使い方で、戦国期以降さかんに使われていた。すなわち、天道はいわば道徳的審判者的性格をもったものとしてあり、下克上《げこくじょう》する者が自己の行動を正当化しかつ保証する観念として重要な役割をはたしていた。同時に、明智光秀《あけちみつひで》のように、主君信長《のぶなが》を謀殺することは、家臣として道理に叛《そむ》いた行為なのであり、光秀が三日天下で秀吉に敗北したのは、天道の意志にほかならないとも意識されていた。それゆえ、天道にしたがって生きるとは、道理にしたがって生きることとおなじ意味なのであった。

その点はまた、すでに前章でとりあげた『武士としては』に、「士は常に邪まなる徒者《いたずらもの》あらんとする時は、いさめてすなほに道の猥がわしからぬやうに教え、既に其いたづら者力に依り、我意にまかせて、人をあなどり、物をむさぼり、天道にそむきて、私を為す大悪人をば責め戒めて、人の安きやうに取治むることを司どる者なれば、仮初にも、士としては、義理にそむき、法を犯すべからず、此掟に背く時は、農工商の三民には甚だ劣りたる徒者大悪人なれば、昼夜油断なく道を守り、義理に順ふこと士の役なりと、能々考へ務むべきなり」と主張されているように、「天道」と「義理」とが、ほぼおなじことと考えられていたことによっても知られるのである。

こうした道理は、頼宣も尊重しており、頼宣は、「千に一つ」の例外にかぎってのみ、主君としての我意を通すことを主張していた。同様に、直恒もまた、自己の生活のなかで獲得してきた武士としての道理を尊重していた。「此老人、平生義を立る所におゐては天地を打かへすとも変ぜぬ気質にて候」とあるのがそれである。

この「義を立る」とは、直恒が武士としての道理を尊重して生きていたことを示している。つまり、直恒にとって「義」において生きることが、天道にしたがって生きることにほかならなかった。それゆえ、直恒は、「御意にても我心に入らざる事は随ひ奉らず候」とあるように、主君の「御意」であっても、それが武士社会の道理、つまり「義」にそむくと直恒が考えた場合には、あえて「御意」にそむくことがあったのである。

義に生きる

紀州藩では、一七世紀半ばに、「御家中諸士の知行」召し上げを内容とする今高制《いまだかせい》が採用されたが、その審議の段階で、直恒が強硬な反対論を展開し、頼宣の意をうけた家老三浦為時をも面罵《めんば》して、いったん採用がみあわせられたことがあった。

この場合、直恒が強硬に反対した理由は、それが「御家中諸士の知行」召し上げを内容としていたため、つねに「御家中諸士下々」の立場でものを考えていた直恒にとって、それは武士の安定的社会の実現をそこなうもの、つまり、直恒の考えた「義」にそむく行為だと意識されたからにほかならない。直恒にとって、こうした武士社会の安定をそこなう行為に反対することが「義」に生きることなのであった。

ところが、右の事件のあった翌朝、頼宣は直恒につぎのように意見したという。

扨其方《さて》に異見する事有、いかに道理を申候とも、我口《わが》まねをする家の大臣《おとど》をば昨日の様に皃《かお》の皮をむく様なるあて言葉申さざる物也

頼宣は、ここでも原則的に武士社会の道理を容認しているが、同時に、主君の立場から、「我口まねをする家の大臣」の面目をつぶすような言葉は慎めと訓戒している。すなわち、頼宣の道理の容認は、あくまで藩政における階層的秩序を乱さない範囲で許されたのであり、そこからの逸脱はたとえ道理があっても許されなかった。主君として藩政の安定化の立場にたつ頼宣と、あくまで家臣団の安定的世界をめざす直恒とのあいだには、おなじく道理を尊重しながら、一定の対立もまた存在していたのである。

それゆえ、直恒は、自己の行動を支えた「惣《そう》御家中」の立場がおびやかされるときには、たとえ「御意」であってもそれに抵抗し、死を覚悟した諫言《かんげん》をくりかえした。直恒が、「直諫」の人として描

かれたのはそのためである。ただし、民衆支配という共通の課題においては、直恒が家老としてほぼ頼宣の意を体して行動したことはいうまでもない。

こうした直恒の生き方のなかに、一方で主君への献身的態度を強調しながら、他方で一定の自立性を保持しつつ、家臣団の安定的世界の実現をめざし、「義」に生きた一人の武士の姿を認めることができるのである。

しかし、直恒がこうした生き方を実践しえたのは、頼宣が主君としてそれ相応の能力をもっており、頼宣と直恒のあいだの緊張がこれ以上拡大しなかったからなのであった。だが、藩主が無能で、ほとんど藩政を顧みない場合には、家臣の対応はおのずと異なってくる。そうした状況では、幕府によって統治能力を疑われ、結果的に、藩の存立すら危うくなるからで、治者としての責任意識を自覚した家臣のなかには、家臣団の安定的世界だけでなく、領民の動向をも視野に入れて、主君批判もふくめた、きびしい藩政批判をおこなう人物が登場することになるのである。つぎに、そうした人物の生き方をとりあげてみよう。

政治批判の落書

紀州藩では、頼宣のあとをついだ二代藩主光貞が、近臣の寵愛や芸能への耽溺《たんでき》のため、藩政をほとんど顧みなかった。その結果、藩政の混乱がはげしく、慢性的な財政窮乏から、家臣にたいする減俸がおこなわれ、さらに疫病の流行や米価の騰貴なども加わって、家臣の多くが貧困のなかで苦しい生活を余儀なくされるにいたった。

そのため、一七世紀後半には、すでにみたように、藩政を批判した多くの落書がみられたのである。こうした落書は、おそらく武士や僧侶など一定の教養のある人物が書いたのであろうが、それは紀州にのみあったことではなかった。『家乗』には、四代将軍家綱が死去して、綱吉が将軍職についた時期、つまり、一六八〇（延宝八）年から翌年にかけての時期に「世ハ末に　移りにけりな　あめか下ちゑのか〻ミの　曇る老中」といった幕政批判の多くの落書が記されてもいるからである。すなわち、こうした落書による政治批判が、当時かなり一般的におこなわれていた様子が知られるのである。

だが、そうした批判者の名前を隠した落書の形式ではなく、この時期には、自ら署名血判し、責任の所在を明確にしたうえで、きびしい藩政批判をおこなった武士もいた。そうした人物の事例として、ここでは紀州藩士浅井駒之助をとりあげ、駒之助がなぜそうした行動をとるにいたったのかを考えてみよう。

「御家滅亡に及ならん」

浅井駒之助は、『家乗』の一六六一（寛文元）年三月二二日の条に、はじめてその名前が登場する。当時駒之助は部屋住みの身で、紀州藩の儒者李梅渓《りばいけい》門下として、生庵らとともに儒学を学んでいたようである。

その後、一六六五年一一月一四日には、三浦為時の『留帳』にその名が登場し、物頭《ものがしら》小笠原長左衛門とともに江戸への使者に立っている。このあとも江戸への使者として登場するので、おそらくこのころから使番《つかいばん》として奉公をはじめ、一六六九年に頼宣隠居後の御用部屋に詰めることになった。ついで、一六七一（寛文一一）年、頼宣が死去し長保寺に葬られると、的場源四郎とともに長保寺で頼宣の遺霊を弔《とむら》う役を勤めることになった。

その後、駒之助は、一六七九（延宝七）年のはじめに、『長保寺通夜夢物語』という「紀州の国政を評した落書」を著わした。生庵はこの落書を、同年一月二〇日に江戸で読んでいる。

さて、この落書は、一六六三（寛文三）年の幕府による殉死禁令が出された後に、一説では頼宣のあとを追って殉死したとされる的場源四郎が、当時の紀州の実情を憂えた頼宣の意をうけて、幽霊となって駒之助の前にあらわれ、駒之助の質問に答える形式で書かれている。そこでは、「此国の有様、南龍院殿（頼宣）世を去り給ひてわづかに八年になり侍りぬ、其月日いくばくならぬに士農工商共に苦しむ事大方ならず、既に御家滅亡に及《およぶ》ならんとす」という状況認識が最初に掲げられ、その原因としてつぎのような点があげられた。

二代藩主光貞が、「御遊山《ゆさん》・御普請すき、御能・御鷹野すき」なまま、「世の中は夢じゃ〳〵ただ楽《たのし》めと計《ばかり》」にて「行末《ゆくすえ》の考」もなく、「国を治め、世の鏡に成」るべき自己の任務を放棄していること、また、本来主君を補佐し、主君の悪政を諫《いさ》めるべき立場にある「老中・出頭・奉行」の人びとが、自己の任務をはたさないだけでなく、自己の私欲のため、事前に「御仕置《おしおき》」の内容を「己が贔屓《ひいき》のもの出入町人」にひそかに洩らし、その結果、米の買い占めなどがおこる一方、藩の財政をもち直すことのみ考えて「仕置」（政治）をするため、「御家中侍下々町人百姓までも労《つか》れはて、今はろう（牢）人の支度より外な」い状態になってしまっていることなどであった。

このように、藩政がきわめて紊乱《ぶんらん》している様子を痛烈に批判したうえで、こうした「侍の迷惑、百姓町人の痛」みが、結局は、「侍共もかつ（飢）へに及び、町人は非人小屋へ集り、其上にて国中百姓共一揆を起し、先年の天草の如く紀州を棒にふ」る事態を招来させるという。すなわち、藩内の衰弊《すいへい》が、結局は百姓一揆を招き、幕府の咎《とが》めによって紀州藩の没落を招くという危機意識が、そこにあったことがうかがわれるのである。

駒之助は、このときは落書の形式をとったため、藩の咎めをうけることはなかった。しかし、一六八九～九〇（元禄二～三）年ごろ、今度は熊野三所権現に誓い、誓紙《せいし》を差し添えて責任の所在を明確にしたうえで、再度批判書を藩に提出した。そのため、一六九〇年二月、罪を得て伊勢《いせ》田丸に幽囚されてしまった。

そして、四年後の一六九四年に断食をはじめ、傍輩達が「断食謝命給ハン事モツタイナシ、上ノ御費ニ成ル事ハ貴丈ノミニ限ラズ、何モカクノゴトクヤ、既ニ牧野兵庫殿子息達（慶安事件に連座した者）ナドモ配所ニ今存命ナリ、人並ニナレバ少シモ苦シカラズ、断食ハ必ズ無用ナリ」といろいろいさめたのにたいして、「配所ヲ蒙リテヨリ以来既ニ五年ヲ経タリ、是サヘ心外之存命ナリ、今迄《いままで》ハ万々一御尋モアラバトナガラ（長）ヘ申タリ、最早《もはや》左様ノ事モアラジナレバ、存命無益ナリ、人ハ人、我レハ我レナリ、牧野之例ニナラウベキニアラズ、今日ヨリ断食仕ラン」（『南紀徳川史』）と述べ、三七日間の絶食のはてに死んでしまったのである。

この死に様について渋谷《しぶや》幽軒《ゆうけん》は、『北窓《ほくそう》俚言《りげん》』で、「白刃ヲフンデ死スルハ一旦ナリ、難ニ似テ易シ、断食ハ易キニ似テカタシ、忠心剛強之至レルニアラズンバアタワジ、実ニ有徳ノフルマイナリ」（『南紀徳川史』）と評したのである。

一命を賭して

駒之助は、なぜあえて誓紙をそえて批判書を藩に提出したのだろうか。近世の藩では、大名と家老衆、用人・奉行衆など上層の人びとが藩政の運営に直接たずさわり、一般の家臣団と対峙する形態がふつうであった。とくに、主君と直接面談し、主君にたいして意見を具申できるのは家老衆に限られていた。そうした体制のなかで、一般の家臣が直接藩政への批判を展開する機会は少なかった。そのため、落書が多く生まれたのであるが、それは責任の所在があいまいであったこともあり、直接藩政に反映されることは少なかった。

だが、駒之助は、強烈な危機意識を抱き、藩政の改革に意欲をみせていた。それゆえ、誓紙をそえて批判書を提出することで、自己の責任の所在を明確にし、藩政にそれが反映されることを期待したのであった。すなわち、批判書が公的な問題として取り上げられ、その場で自己の主張を主君に述べる機会が訪れる可能性に自己の一命を賭《と》したのだといってもよい。

駒之助が、配所に幽囚されたのち、つねに「肩衣袴を着し」「毎朝和歌山御城の方へ向ひて拝し」（『南紀徳川史』）ていたこと、また、絶食に際して、「万々一御尋もあらばとながらへ申たり」と述べたのは、まさにそうした一縷《いちる》の希望をもっていたことを示している。だが、現実には、そうした機会は訪れることなく、駒之助は無念のうちに死んでいったのである。

こうした駒之助の事例は、「御家中侍下々町人百姓」の立場にたった仁政を求めて、自己の死を賭してまで藩政批判を実践した武士が、当時存在したことを知らせてくれる。駒之助の立場は、藩政の混乱が、結局民衆支配を共同利害として結集した領主階級の結合を破綻させる、という危惧に基づいていた。その限りにおいて、駒之助が武士の立場にあったことは事実なのだが、同時に、駒之助が武士として「町人百姓」の姿をつねに意識しつづけていたことのうちに、駒之助の治者としての責任意識を見いだすことができるのである。

浅井駒之助への評価

ところで、幕末・明治のころに生きた、もと紀州藩士堀内信は、一八八八（明治二一）年から一七三巻にのぼる『南紀徳川史』の編纂を開始したが、その「名臣伝」のなかに浅井駒之助を加えている。駒之助が、藩政批判をおこない獄死した人物であることを想起するとき、意外に思われる方も多いと思われる。

しかし、『南紀徳川史』を編纂した堀内信は、光貞の治政が頽廃していたことをよく知っていたはずである。だからこそ、堀内信の目には、駒之助がそうした社会における家臣の本来あるべき姿として映ったのである。この点をふまえると、駒之助のようなあり方が、近世社会において本来あるべき家臣像なのだ、ということもできるように思われる。

ちなみに、駒之助の惣領《そうりょう》徳之助は「六ヶ国御構追放」となり、二男吉継《よしつぐ》もその後の消息が不明だが、三男忠八清成は、はじめ「大番組二十石」で召し出され、その後、「名草、奥熊野、白子等」の郡奉行を歴任し、一七〇二（元禄一五）年に御勘定頭、一七一四（正徳四）年に町奉行となり、翌年「大御番頭格」となって八〇〇石の知行取となった。そして、一七三一（享保一六）年に奉行役を免ぜられ、一七四七（延享四）年、八九歳で死去した。つまり忠八は、「寄合《よりあい》」に出仕し、藩政に参画するまでに出世したことが知られる。忠八はまた、当時大嶋伴六とならぶ「時の明吏」と称されてもいた（『南紀徳川史』）。このような忠八の姿は、藩政の安定した状況における駒之助の姿だといったら、私の思いすぎだろうか。

さて、次節では、こうした直恒や駒之助とは対照的に、主君への没我的献身を説いた『葉隠』をとりあげ、『葉隠』武士の近世社会における位置を考えてみる。

なぜならば、近世の武士や武士道が語られるとき、つねに引き合いに出される書物の一つが『葉隠』であるからである。たとえば、相良亨は、「『葉隠』の古典的な意義は、武士の献身の伝統を心情の内面にむけて深くほりさげた点にある。（略）献身の伝統を太平の時代にうけつぐことによって、これを心情の内面に深くほりさげた点において、『葉隠』は今日なおさまざまな問題をわれわれに提出している書物なのである」（『『葉隠』の世界』）と評価している。これがほぼ通説を代表した見解で、そのほか、作家の三島由紀夫が、「自由」と「情熱」を説いた書物として高く評価し（『葉隠入門』）、最近では、小池喜明が、近世武士の「奉公人」道を説いた書物として評価する（『『葉隠』の志』）など、『葉隠』は、現在でも、相変わらず多くの人びとによって語られ、近世武士の一つの典型がそこに認められてきたのである。『葉隠』がそうした書物であるかぎり、近世の武士を考察する本書でとりあげないわけにはいかない。そこで、『葉隠』が、近世の武士社会のなかでどのような位置をしめていたかを、本章の公人としての武士という視点でとらえ直すことにより、私の『葉隠』像を提示していくことにしたい。

4　『葉隠』を読み直す

『葉隠』とは

『葉隠』は、一八世紀のはじめに肥前（佐賀県）鍋島《なべしま》家の家臣、山本常朝《やまもとつねとも》（一六五九〜一七一九年）が語ったことを書き留めた聞書であるが、戦国武士の死にたいするいさぎよさを内面化させた武士道書としてよく知られている。そこにある種の暗さ・陰惨さが指摘されることもあるが、同時に、近世武士の一つの典型的姿が求められてもきた。

しかし、そうした理解にたいして、私が『葉隠』を読んでつねに感じることは、その楽天性と功利性であり、その背後にある仏教的な無常観と責任意識の欠如という点である。そこで本節では、こうした観点から、私なりの『葉隠』像を描き出してみたい。

佐賀藩の創業者

常朝の思想を考えていくに先だって、まずはじめに、常朝の行動拠点であった佐賀藩の創業者たちをとりあげ、その考え方をみておこう。

佐賀藩の藩祖は鍋島直茂《なおしげ》（一五三八～一六一八年）である。直茂は、はじめ竜造寺《りゅうぞうじ》氏の家臣であったが、竜造寺氏の衰退にともない、竜造寺高房の後見役として領内統治の実権を握った。ついで、直茂の嫡子勝茂《かつしげ》（一五八〇～一六五七年）は、一六〇七（慶長一二）年、竜造寺本家の断絶により、竜造寺の家督を継承した。こうして、鍋島佐賀藩が成立した。

その後、勝茂の子忠直が早世したため、忠直の子光茂《みつしげ》（一六三二～一七〇〇年）が勝茂の跡を相続した。光茂二五歳のことであった。山本常朝は、この光茂に生涯仕えたのである。

賢臣の登用――直茂の教訓

藩祖直茂は、九州の一角でどのような思想性を獲得していたのだろうか。「直茂公御咄之趣、勝茂公御書取ニて、光茂公江被進候御教訓之写」（近藤斉『近世以降武家家訓の研究』）と表題のある家訓によって考えてみよう。

国家長久の本は、家中に能《ヨキ》人の出来候様心懸致す事たるべく候、何にても我数奇《スキ》のものは、身の分限より勝れたるものを求め出すものにて候得ば、人にすくならば出来申すべき由御申成され候我等申候は、家中に好人の出来候様、仏神に祈願を懸申すべしと、存候通申上候得ば、仰せられ候は、仏神に願申、事によりての義に候、人力の及ばざる事を祈るものにて候、人は人の作るものにて候得ば、其方の心入にて何程も人は出来申すべきよし御申成され候

前半は直茂の教訓の本文、後半の一字下げの部分は、直茂と勝茂の質疑応答である。このなかで直茂は、「国家長久」のためには賢臣の登用が必要だと述べている。これにたいして勝茂は、「仏神に祈願」して実現するよう努めたいと答えた。だが直茂はそれにたいして、「仏神に願」うのは「事によりて」、つまり問題によってのことだという。すなわち、「人力の及ばざる事」は「仏神」に祈ったらいい、しかし、「人は人の作るもの」、つまり賢臣を選び出し登用するという問題は、人の力で解決できるのだから、お前の「心入」次第で実現可能だと主張しているのである。

右の史料の意義をもう少し掘り下げれば、つぎのようになる。

直茂は、右の家訓の第一条で、

江戸公儀勤様、時々のなりはひを能く見聞候て時々背かざる様いたし、諸人出逢候節は、人より

見限られざる様兼て覚悟いたし、常に言葉少く物ごと気を付相嗜申すべく候

と、幕府にたいして細心の注意を払うべきことを求め、第二条では、「家中侍下々に到迄、養第一に心付申さるべく候」と、家臣団にたいする養育に配慮すべきことを求めている。

つまり直茂は、自己の任務が、治者として藩政を担当することにあるという自覚をもち、そうした自覚のうえで、藩主を補佐する賢臣の登用が必要なこと、それを実現するためには、「仏神」に祈るのではなく、藩主自身が主体的に賢臣の所在を見究める能力をもたねばならない、と考えていたことを示している。別の言葉でいえば、政治は、「仏神」の加護を期待するのではなく、人知によって克服すべき問題なのだという自覚をもっていたといえよう。

右のような考え方は、近世になって成立し、次第に大きな潮流になっていくが、近世初頭のこの段階では、なお一般化していたとはいいがたい。その意味で直茂は、九州の一角にありながら、近世社会をリードする新しいタイプの政治家であったといってよい。

しかし他方で、直茂は、「家の風儀の替り申さず様兼て心懸申すべし」とも教訓する。その内容は、

先祖よりの仕置を子孫相替らず守りつづきたるが家の古きと存ずべく候、たとへば、其方のいづりやふ上下《カミシモ》の着やふ髪の結やふなりふりの万端、田舎風をかへ申さず、仕置も昔より下の能く合点致したる事が、家の風儀と心得申すべく候

と説明される。つまり、「先祖」の「仕置」をそのまま伝えるべきことが強調されたのである。直茂

はその理由を、「平生心の決定せずうつろひやすきものが似せたがり頼母敷からざる心底」と述べており、心が不安定なまま流行に流されることを戒めた言葉と解釈できるのである。

しかし、この箇条はその後、佐賀藩のいわゆる〝お国ぶり〟として、直茂の意図をこえて生きていくことになったのである。

すりかえ

では、勝茂は父直茂の教訓をどのように受けとめたのだろうか。勝茂が子の忠直へ与えた「勝茂公御教訓」（『近世以降武家家訓の研究』）の一〇条と一一条をとりあげて考えてみよう。勝茂は「此両条を御奉公の根元に存じらるべく候事」と強調している。

まず一〇条は、「今において　家連続之義　日峯（直茂）様前々の覚又は御仕置、御賢慮に依っての義に候」とあるように、先に述べた「国家長久の本」が、直茂の「仕置」にしたがって実現されることを主張している。なぜならば、直茂の「仕置」を「昼夜忘却」せず守ることが、「家相続親類家中百姓町人に到迄安穏せしめ、目出度く国家安寧長久たるべ」き前提とされたからである。

また一一条では、幕府への奉公にあたって、「御用に立つべき儀は、人を持候半《ワ》て《デ》ハ《ハ》相成らざる事候条、親類家中百姓に到る迄不便を加えらるべき事第一候」と主張している。一見すると、賢臣の登用が重視されており、直茂の意向にそっているかのように考えられる。

しかし、直茂が藩主自身の「心入」を問題にしていたのとはちがい、勝茂のそれにおいては家臣などへの「不便」にすりかわっていることに注意すべきだろう。かくして、直茂の真意が正しく伝えられることはなく、直茂の「仕置」の表面的な部分が、いわば祖法として神聖化されていったのである。

藩政への無関心

すでにふれたように、山本常朝は、佐賀藩の第二代藩主光茂に仕えた。ここでは、常朝の勤務のあり様と光茂の藩主としての性格を、おもに松田修「葉隠序説」によりながら考えてみよう。

常朝は、九歳のとき光茂の御傍小僧となって出仕した。その後、小小姓、御傍役、御傍小姓役、御書物役、京都御用、供使、聞次番、書写奉行、京都役を歴任した。一七〇〇（元禄一三）年、常朝四二歳のとき、光茂がこの世を去る。常朝の最後の奉公になった京都役は、歌道に執心した光茂が、三《さん》条西実教《じょうにしさねのり》からの古今伝授を願い、その交渉役を勤める職務であった。

右の略歴からわかるように、常朝はふつう想像される番方の武士ではなく、役方の武士なのであった。もっといえば、領国統治の行政にかかわる役方の武士ではなく、もっぱら藩主の側近くに仕える「御側」の武士なのであった。この点に注意しておきたい。

では、それがどういう意味をもっていたのだろうか。常朝の養子権之允が、長崎警護の用意について常朝に尋ねたとき、常朝はつぎのように答えている（以下特に注記のないものは、すべて『葉隠』による）。

我等は御側に居候故、其方の今のかね（尺度）には合わず。其時分皆人御供の仕組仕られ候に、我等は只不断の枕一《ひとつ》にて澄《すま》し候。其子細は、殿様御発足の時、御供にて罷立《まかりたち》候迄也。武具は、金銀も兵粮も、上の物にて済す合点也。

つまり、藩主の側近くに仕える自分にとって、番方の武士のように「武具」を用意する必要がないので、権之允の参考になるようなことはいえないというのである。

しかし、問題は、たんに番方の武士と異なるというだけではなかった。小池喜明が『「葉隠」の志』で述べているように、「『葉隠』には、全十一巻を通じて、民政的視点は完全に欠落しており、治水灌漑その他の民政に関する記述は一項も見当らない」。すなわち、常朝にとって、主要な関心は主君光茂のことであり、それ以外の藩政の問題にかんしては、まったく無関心だったことが知られるのである。

歪められた光茂像

では、常朝が仕えた光茂は、どのような藩主だったのであろうか。すでに述べた直茂や勝茂は、武将としても藩主としてもある程度有能であった。ところが光茂は、若年より歌道に執心し、祖父勝茂に「歌は公家の所作也。武家に用なし。面々家職を捨て、何として国家を相続成るべき哉。只武篇・政道の事を心懸べきこと也」と異見され、一度は歌道を離れたが、勝茂の死後に再開し、死に至るまで執心しつづけたのである。

松田修は、そうした光茂治世の佐賀藩について、常朝の師石田一鼎《いしだいってい》の『石田私史』によって、つぎのように述べている。すなわち、光茂の時代は、「藩主をさきがけとする藩上層部の奢侈と下層部の困窮」によって混乱しており、光茂は藩主として「無能力」であったというのである（『葉隠序説』）。先述の勝茂の「異見」を借りれば、光茂は「武篇・政道」のいずれの面でも失格だったといえる。これが光茂の実像なのであった。

では、常朝が描く光茂像はどうであったか。『葉隠』の「聞書五」からいくつかの事例をあげてみよう。

(1)惣て深く讒人を御嫌成され候。

(2)御慈悲深く御座候故、御家中下々迄の上に痛む事これ無き様にと、兼々おぼし召上げられ候。

(3)水戸様、紀伊守（鍋島の支藩、小城藩主）殿へ御咄成され候は、鍋島風は丹後（光茂）殿限りと見へ候。摂津守（鍋島の支藩、蓮池藩主）似せられ候へども、遥似劣られたり。其方などは旗本ものぞと仰せられ候也。

(4)光茂公、江戸にて誰か御会釈、御道中御乗馬の儀、不思議に存候、一日二日さへ難義仕候。如何様御伝受御座有るべし。御弟子に相成たくよし仰られ候。公御答に、伝受とては御座無く候。馬に乗たると存ぜず、畳の上に座《すわり》候心持にて候へば、少も草臥申さず候と御意成され候よし。

(5)光茂公へ吉良上野介どの申され候は、御大身にても、位官のひきく（低）候て御不気味有べく候。少将御免など候はゞ、知行半分共には御替成らるべき哉との時に、公御答に、位官を結構にても、喰物なくては成らざる事也と仰せられ候よし。

右のいくつかのエピソードから浮かび上がってくる光茂のイメージは、讒言《ざんげん》を嫌い、慈悲心と機智に富み、騎馬にすぐれた、直茂や勝茂に劣らぬ、「鍋島風」の立派な「明君」の像であろう。先に述べた光茂の実像と、常朝が『葉隠』で描いた光茂像とのこのギャップは、常朝が「御側」の武士であったこととおそらく無関係ではないであろう。

右のような事実に注意しながら、『葉隠』が近世武士の典型といえるのかどうか、つぎに具体的に検証していこう。

常朝の奉公

さて、常朝の奉公とは、とりもなおさず主君への没我的・献身的な奉公であった。「惣体《そうたい》、奉公人は何もかも根からぐわらりと主人に打任すれば澄《すむ》もの也」といった表現は、それを端的に物語っている。そこには、家臣の側の自立的あり方はほとんど無視され、いわば主従一体であることが理想とされていた。いいかえれば、主君と家臣とのあいだの対立は、まったく認められていないといってもよい。

だが、すでに毛利隆元や徳川頼宣の教化にみられたように、そうした主張は、大名の側から家臣を教化する際にみられた論理なのであった。逆に、家臣が武士社会の安定化をはかろうとすれば、直恒にみられたごとく、主従のあいだに一定の対立が存在していた。当時の主要な対立関係が、領主と民衆とのあいだにあったことはいうまでもないが、武士内部にまったく対立がなかったわけではない。ところが、常朝にとっては、武士内部の対立はまったく視野になかったかのようである。常朝が武士内部の対立に無関心でありえた根拠の一つに、常朝の楽天性があった。

常朝の「御家などは根元不思議《こんげんふしぎ》の御建立故か、悪きやうにても自然と能様《よきよう》に相成候」とか、「御家中下々、皆、殿様のものにて候」といった言葉は、御家や主君にたいする絶対的な信頼を表明したものので、幕藩間の関係をきびしくとらえ、藩政の混乱が御家の取《と》り潰《つぶ》しに結果する可能性があるという危機意識をまったく欠落させており、同時に、武士の安定的社会を実現させるためには、武士社会の「義」を主君に求めねばならないという意識を欠如させていた。

こうした意識の背景には、常朝が幼少から主君鍋島光茂の近習であったこと、家老をも出した中野一門につらなる者としての自負などが考えられるが、もっとも大きな要因は、常朝の仏教的無常観や責任意識の欠如からくる社会的使命観の欠如にあった。その結果、常朝は、大名の論理を家臣としてそのまま受容し、大名の論理を家臣の側から積極的に正当化することになったのである。

無責任体制へ

ところで、常朝もまた、加納直恒や浅井駒之助のように諫言を一応は重視していた。「奉公の至極の忠節は、主に諫言して、国家治むる事也」とも述べている。だがその一方で、「諫言・異見は和の道、熟談《じゆくだん》にてなければ用に立たず候」や、「上の批判は一向申出ざるものと覚悟仕るべき事」とあるように、直恒や駒之助と比較したとき、それがきわめて微温的であり、かつさしせまった危機意識に裏づけられていないことに気がつく。

それにとどまらず、常朝においては、諫言とはまさに「主人の為」にするのだから、「主人の非を顕は」すような行為は、自己の「私情」（＝私欲）から出た行為として、弾劾の対象にさえされてしまうのである。

常朝にとって、主君は絶対的存在なのであり、主君に根本的なあやまちはあるはずがなかった。そのため、主君に落度《おちど》があっても、家臣の諫言を受けいれない場合には、家臣としては、主君の悪行が外にあらわれないように「味方」すべきなのであり、「悪事は我身にかぶり申こそ、当介《とうがい》（奉公人のつとめ）にて候」とされてしまうのである。

なぜならば、主君の悪行が外にもれれば、「御家の外聞」がわるいばかりでなく、結果的に幕府によって「御家」が潰される可能性があったからである。常朝は、幕藩間のそうした関係について一定の見識をもちながら、あえて駒之助のような道を否定して、藩内の恥が外にもれることを極力防ぐことによって、問題の隠蔽を図ろうとしていたことが知られる。

そこには、主君の「無調法」を正すことで、自己の責任をはたすという意識はまったくみられない。そのため、個人の責任問題にはふれられても、社会的な責任意識にまで展開していくことはなかった。のみならず、主君にたいしてもなんらの責任も求めなかった。その結果、責任の所在が不明になり、全体が無責任体制に陥ることになった。そこに、常朝の治者としての責任意識の欠如をみることができる。

その背後には、「世間の事を尋《たずね》候へば、殿様公儀御首尾能事、御慈悲の御仕置の沙汰ばかり承《うけたまわり》候は、めで度《たき》御家、日本に並所《ならぶところ》有まじく候」とあるように、御家が取り潰されることはありえないのだという、きわめて楽天的な見通しがあった。その結果、主君光茂が藩主として「無能力」であったにもかかわらず、『葉隠』では「明君」として描かれることになったのである。

「死」が解決するという安易さ

しかし、常朝の無責任性は、たんに治者としての責任意識の欠如ということだけにとどまるものではなかった。『葉隠』では、個人的な「武篇《ぶへん》」と主君への「奉公」とが、「死身《しにみ》」すなわち「武士道」において統一されていた。つまり、「武篇」も「奉公」も結局死への心組によって実現されるとされていた。

だが、現実には当然ながら「武篇」と「奉公」とが対立する場合があった。喧嘩への参加は、法によって禁止されていたのだから、そこに一つの対立関係があった。しかし常朝は、最終的に「死ぬ事」によって、「恥」をかくこともなく、法にふれることもないという形で問題を処理してしまった。「鑓《やり》を突事《つくこと》も、公儀を勤る事も、同前也（略）中々、生て恥をさらし、胸を焦《こが》すべきよりは、腹を切たらば、責《せめ》て成べし」とされるのがそれである。

そこには、一定の対立関係のなかで内面的な葛藤が生まれるのではなく、「死ぬ事」ですべてが解決されるという安易さが感じられるが、同時に、『葉隠』における無責任性を読みとることもできる。あくまで生にとどまり、問題を解決していこうとする緊張感は、『葉隠』にはみられないのである。

「まざり物」のない心の状態

常朝は、「道といふは何も入らず、我非を知事《しること》也、念々に非を知て、一生打置かざるを道と云」とか「一呼吸の中に邪を含ぬ所が則《すなわち》道也」と述べているように、「純一無雑」な「まざり物」のない心の状態に到達することが、常朝の求める「道」にほかならなかった。この「道」は、「万事、実《じつ》一つにて仕《つかまつり》て行《いけ》ば済《すむ》もの也」とあるように、「実」つまり誠実であることによって実現されるという。

すなわち、「道」とは、常朝が、鈴《すず》木《き》正三《しょうさん》（一五七九～一六五五年）の『盲安杖《もうあんじょう》』にみえる「無き名ぞと、人にはいひて、有ぬべし、心のとはゞ、何と答む」の歌を「諸道の極意」と賞讃したことからもわかるように、他人は知らないが、自分のみ知る自己の心中のあやまちに深く心配ることによって実現される境地なのであった。こうした境地に到達して、自己の偽らざる心である誠実さによって人に意見をすれば、「其心忽《たちまち》向《さき》に感通し、其儘《そのまま》中《なか》能《よく》成《な》」ることもできるのである。つまり、人が誠実に相手に対すれば、「誠は天地に通ずるものなれば」、その心が相手に達して「感通」し、必ず双方がわかりあえるようになるという。「何事もならぬといふ事なし。一念発《おこ》ると天地をもおもひほがすもの也」ということばは、それをさすのである。

常朝はまた、「侍の一言金鉄より堅く候」とか「誠に一言が大事のものにて候」と述べているように、ことばの力に大きな役割を期待していた。ことばによって人と人のあいだの「感通」、つまり心の通いあいが実現される、すなわち、ことばを通じて「万民の心入《こころいれ》を直す」ことが可能だと考えていたのであった。

こうした主張は、一面で常朝の楽天性を示しているのだが、よくいえば、常朝の人にたいする深い信頼をそこに読み取ることもできる。その意味では、常朝が、人の力を信頼して自己の内面性の鍛練を説く、近世になってあらわれてくる新しい動向と揆《き》を一にした世界に生きていたことを示しているのである。

仏教的無常観

だが、常朝は他方で、「何と能《よく》からくった人形ではなきか。糸を付てもなきに、行《ある》ひたり、飛《とん》だり、はねたり、物迄《まで》も云《いう》は上手の細工也。来年の盆には客にぞ成るべし（来年の生死はわからないこと）。扨《さて》も、あだな世界をわすれて居るぞ」といったことばにあらわれているように、人間の生のはかなさを説く仏教的無常観のなかに生きていた。

そうした常朝にとって、「人間一生誠に纔《わずか》の事也。好たる事をして暮すべき也。夢の間の世の中に、好まざる事ばかりして苦を見て暮すは、愚成《おろかなる》事也。此の事はわろく聞て害に成事故、若き衆などへは、終《つい》に語らぬ奥の手也。我は寝る事が好《すき》也。今の境界相応に、弥《いよいよ》禁足して寝て暮すべしと思ふ」ということばは、本心であったろう。

しかし、その無常観は、中世までのそれが、現世を否定して容易に来世への希求と一致していったのとはちがって、そうしたはかない存在だからこそ、この現世を大切に生きようという、近世的な現世主義の立場をとっていた。この点は、先の本心のなかにもうかがわれるが、「武士道と云は、死ぬ事と見付たり」と述べたおなじ箇所で、「我人《われひと》、生《いく》る方がすき也。多分すきの方に理が付《つく》べし」と強調されていることによっても知ることができる。

だが、そうした無常観は、自己が社会的存在であることを覆い隠し、社会的問題へ視点を拡大させていくことを容易に阻《はば》むものでもあった。その際、たとえば、常朝が家老となって藩政に参加することが主君への奉公だと考え、自らが家老になることを目標にかかげて必死の努力をしながら、主君の死とそれにかかわっての常朝自身の出家によって、挫折してしまったという事情を一応は考慮しなければならない。

しかし、それにしても、常朝のいう奉公には、いかなる奉公なのかという、奉公の具体的内容がまるでみえてこないのである。結局、常朝においては、仏教的無常観と主君への没我的献身とによって、社会的意識が成長することが阻まれてしまい、一方で内面性の重視を説きながら、それが社会意識と切り結ぶことがなかったため、「道」が主観的願望の域を出ることなく、結果的に精神主義のみが強調されて、いわゆる心がけ論におわってしまったのである。

他者との差異化を求めて

戦闘者として「名利《みようり》」に生きる武士が、その本性として功利的であったことは容易に理解されるところだが、この点は、常朝においても同様にうかがわれる。常朝は一方で、「同じ人間に誰に劣《おとり》申《もうす》べく候哉《や》」とか「名人も人也。我も人也」と主張しているように、人として本来的な能力差はありえないという自覚をもっていた。この自覚は、浅井駒之助が、「人は人、我れは我れなり」と主張したとおなじく、いわば個の自覚といってもよい。

こうした自覚は、常朝が、人間的自覚を深めていった近世という時代の子であることを示しているが、常朝は他方で、つねに他の武士より一歩先を行くことの大切さを強調した。勝負の世界に生きる武士は、つねに相手に勝つことを目標にしていたのであり、常朝もまたそうした武士の世界に生きていたのである。

そのうえで常朝は、この目標を達成するための方法をさかんに力説する。たとえば、世間で一目おかれている武士を、ことばの「理」によって打ち負かすこと、つまり「上《う》は手《て》の理を以ていひ伏《ふ》」せることで、一挙に自己の名声をあげることができるとか、「先の事を前方に分別する処が、人の上をする基也」とあるのがそれである。そこには、平時の封建官僚化した武士社会において、自己の存在をきわだたせるための功利的意図が明白にうかがわれる。

また常朝は、現在は昔と比較して劣っているわけではないとしながら、他方で、現実はしだいに下降して「世の末に成」っていると述べ、「世間一流に下り行《ゆく》時代なれば、其中にて抜出《ぬきで》るは安き事なり」とも主張する。こうした主張も同様の発想からきていることが理解されるのである。

こうした主張は、近世になって社会が多様化し、武士社会でも他者との差異化をはかりつつ、自己の能力によってある程度地位を上昇させることが可能となってきたことにもとづいている。

ひるがえって、常朝は、家老となって主君に奉公するため、さまざまな努力をしたことを述べるが、そうした常朝の行為自体、自己の内面的成長が究極の目標なのではなく、家老として藩政に参加することにあったように、いわば功利性の追求にほかならなかった。常朝自身は、つねに私欲を否定し、無私であることの重要性を説いているが、それは常朝の主観的願望であるにすぎず、常朝の内面的鍛練自体が、功利的目標の追求にあった。こうした常朝の功利性は、常朝の「大慈悲」や「義」を考えていくうえで見逃すことができないのである。

「義」の無力化

さて、常朝もまた、一応は武士にとって「義」が大切であることを主張する。「始末の心これ有る者は義理を欠也。義理無き者は寸口垂也《すくたれ》」のことばがそれをさす。だが他方で、「忠の、義のと云立《いう》上りたる理屈が返々《かえすがえす》いや也」とか、「義を立るを至極と思ひ、一向《ひたすら》に義を立る所に却《かえっ》て誤り多きもの也。義より上に道は有也。是を見付候事成がたし。高上《こうじょう》の賢智也。是より見る時は、義などはほそきもの也」と主張され、「義」はそれほど重視されていない。

つまり、常朝は、「一向に義を立る所」にある種の「私情」をみるからである。自己の純粋な心のあり様に「道」をみた常朝は、つねに無私であることが理想なのであり、「私情」につながる可能性のある「義」は、「ほそきもの」にすぎなかったのである。

だが、すでにみた加納直恒の「義」が、武士社会の道理と同義であり、「天道」という普遍的なものと結合することで、主君への献身と同列の意義をもちえたことを想起されたい。そこではまだ、武士の「義」と「天道」＝道がかたく結合され、武士が武士としての一定の自立性を保持するための立脚点になっていた。

しかし、常朝においては、「義より上に道は有也」とされ、「義」が「道」と分裂し、「義」はもはや普遍的な性格をもつことなく、私意に転化する可能性すらあると主張されてしまった。その結果、常朝のように主君への没我的献身のみを強調するかぎり、直恒のように武士社会の道理＝義によって、一般武士の安定的世界の実現をめざすことは無意味となってしまい、「義」は、主君の御用に立つかどうかといった功利的な観点でしかその意義は語られなくなってしまった。こうして、本来武士の自立性の基盤であった「義」もまた、主君への没我的献身のまえにまったく無力化してしまったのである。

御用に立つ家臣の育成

常朝にとって、「御家中侍下々町人百姓」のことがまったく視野になかったわけではない。常朝が四つの「大誓願」を立て、そのなかに「大慈悲」をあげたことや、「『何とぞ殿の御為、御家中、民百姓迄の為成る事を』と思ふ事は、愚鈍の我々式にても澄《すむ》もの也」とあることからもそのことはうかがえるであろう。

しかし、それが主君の「慈悲」としてしか語られていないことに注意したい。常朝自身が「御家中、民百姓迄の為」に何らかの行動をおこすことは想定されておらず、それは、常朝にとって主君の「慈悲」の対象にすぎず、「慈悲の為に罰し、慈悲の為に働く」ことと同義なのである。だから、「大慈悲」とは、「上下万民の心入を直し、不忠不義の者一人もこれ無く、悉《ことごとく》御用に立て、面々安堵仕候様仕成すべき」ことにすぎなかった。

すなわち、家中の人びとをよく導き、「御用」に立つ家臣に仕向けることが常朝の課題なのであった。いいかえれば、常朝は、主従の間の対立関係をまったく意識していなかったため、主君の御用に立つ家臣の育成という功利的な目的しか念頭になく、武士の安定的社会を主体的に実現していくことが目標にされることは決してなかったのである。こうして、常朝の「大慈悲」も、結局は主君への没我的献身のなかに埋没してしまった。

さらにそれにとどまらず、常朝が主君への没我的献身に埋没したため、一方で「武篇」を四誓願の一つにあげて強調しながら、他方で「武篇は、敵を討取《うちとり》たるよりは、主人の為に死《しに》たるが手柄《てがら》也」とされ、「武篇」の重視も、結局は「主人の為」が最優先されることで、戦闘者としての武士の自己否定にまでいたってしまった。こうして、いわゆる滅私奉公が、上からでなく下から、常朝によって積極的に主張されていくことになったのである。

生への渇望

『葉隠』は、一方で「武士道と云は、死ぬ事と見付たり」と述べ、死への覚悟、死にたいするいさぎよさをくりかえし主張する。しかし、他方で「我人《われひと》、生る方がすき也」と述べ、人が本来生を好む存在であることを力説する。この二つの主張は、一見すると相矛盾するかのようだが、常朝においていかに関連づけられていたのだろうか。この点をすこし考えてみよう。

第一章でも述べたが、一六世紀から一七世紀にかけての日本は、生産力がいちじるしく高まった時期であった。その結果、中世では、飢饉がいわば日常的出来事であったのにたいして、近世では、非日常的なこととなり、あってはならないことと意識されるようになった。こうして、飢饉の現実的脅威が弱まるにつれて、人びとの現実にたいする期待が高まり、現実主義的な傾向が強まっていった。その結果、生への渇望、生への執着が一般的な傾向になり、それは武士も例外ではなかった。

近世になると、「当国落首」に、「城取《しろとり》は、花瓶立華《かびんりつか》の沙汰と成、十三郎が松の見積り」（立花者十三郎に城内の松枝を截《き》らせたことを皮肉ったもの）とあるように、武家社会のなかで立花がもてはやされるようになったことが、その一端を示している。立花の隆盛は、近世初頭のものとされる立花の花伝書（『文阿弥花伝書』）に、「花いかにいできたり共、しやう（生）ある物なくば花にはあらず。いかなるふしぎの花にても、しやう《（生）》なる物あらば花にてあるべし、花にしん《（真）》といふはしやう《（生）》なり」とあるように、立花が生気をもっとも重視していたからなのであった。そこに生命尊重の大きな流れの一端を読み取ることができる。

こうした生命観の成立は、自然の圧倒的威力の前にひれ伏し、「仏神」の加護を期待していた段階から、人が積極的に自然に働きかけ、人の問題は人知によって克服しつつ、自然との調和を図っていこうとしはじめたことを意味していた。近世の武士もまた、そうした生命観のなかに生きていたのである。

死への覚悟の倫理化

ところで、戦国期までの自力救済の社会では、武士は、自己あるいは自己の属する集団の利害のためには、死を厭うことは少なかった。死と隣りあった社会に生きる武士にとって、自己の利得や名誉のため、あるいは自己の属する集団のために死ぬことは、大きな問題とならなかったといってもよい。だが、自力救済行為が否定された近世になると、主君のため、藩のために死ぬことは、ある程度必要とされたが、私的な利害の追求を野放図にしておくことは厳しく統制された。それと同時に、現世主義の一般的風潮は武士社会にもしだいに深く浸透し、武士社会においても生への渇望、生への執着が強まっていった。しかし、戦闘者である武士が、生への執着を深めていくことは、それ自体武士であることの自己否定にもつながりかねなかった。

こうして、戦国期の武士にとっては、ある意味で自明であった死への覚悟が、新しくことばによって倫理化される必要性が生まれてきた。『葉隠』や『武道初心集』などの武士道書が、おしなべて死への覚悟を強調するのは、そうした事態の反映なのであった。『葉隠』は、「死狂《しにぐるい》」とか「死身」といったことばをくりかえし使い、死への心がけを説いたが、それはあくまでも心がけ論なのであり、「武道の自由」を確保し、主君への没我的献身を実現する目的で主張されたのであった。生への執着が奉公の妨げになると意識されたから、死への覚悟が倫理的徳目として強調されたのだといってもよい。

では、加納直恒における死への覚悟はどうか。直恒にとって「義」に生きるとは、武士の安定的社会を実現することにほかならなかった。それは、直恒もまた生への渇望のなかで生きていたことを示している。だが、直恒にとって「義」が危機に瀕《ひん》することは、自己の存在基盤を失うこととおなじであった。だから、そのような場合には、あえて死をも厭わず行動することが必要なのであった。つまり、直恒にとっての死への覚悟とは、武士にとっての生の渇望が脅《おびや》かされたとき、それを阻止するために発動されるべき、いわばぎりぎりの選択だったのである。浅井駒之助が、直恒とおなじ行動様式をとった人間であることはいうまでもない。

常朝のコンプレックス

直恒や駒之助が、武士としての道理や治者としての責任意識を根底におきながら、死への覚悟を倫理化させていったのにたいして、常朝が、主君への没我的献身によってしか、死への覚悟を倫理化できなかったことに注意しておきたい。その結果、前者は、諫言や上書の形で具体的な行動にまでいたることができたのだが、常朝は、結局心がけ論にとどまらざるをえなかったからである。一七世紀後半、佐賀藩での藩政の危機に際し、常朝の師石田一鼎が厳しい藩政批判をおこなったのにたいして、常朝は見て見ぬふりをしてまったく行動しなかったこと（松田修「葉隠序説」）に、その点はよく示されているのである。

ところで、一般的には、常朝が、主君の死にあたって、ただ一人殉死《じゅんし》を遂げようとしたことが、常朝の優越感ないしは立脚点となって、「御家を一人にて荷《にな》い申」すという覚悟をもつにいたったとされている。しかし、一六六三（寛文三）年の殉死禁令が出たあとも、すでに述べた的場源四郎のように殉死した例はみられた。常朝が無私を貫くのであれば、一族のことなどにかまわず、死を選ぶことはできたはずである。だが、常朝は出家の道を選んで死ねなかった。おそらく、死ねなかったことが常朝のコンプレックスになっていたと考えるべきだろう。つまり、常朝は自分の弱さをよく自覚していたのである。逆説的にはなるが、だからこそ常朝は、死への覚悟を異常なまでに強調しなければならなかったのである。

5　武士の虚像と実像

独立の精神

すでに述べたように、浅井駒之助が「人は人、我れは我れなり」と述べ、山本常朝が「御家を一人にて荷申《になない》」すと主張したように、一七世紀後半から一八世紀はじめにかけての武士社会において、自立した独立の精神をもつ人びとが存在していた。ただ、駒之助が、治者としての社会的責任意識を内面化させていたのにたいして、常朝は、主君への没我的献身や仏教的無常観のなかに生きていたため、自己の内面的な純粋さを追求する、個としての修行者的立場へと大きく傾斜していったという違いが、両者にはみられたのである。

ところで、幕末において、吉田松陰《よしだしょういん》（一八三〇〜五九年）が「草莽崛起論《そうもうくっきろん》」のなかで、「義卿義を知る、時を待つの人に非ず、草莽崛起、豈《あ》に他人の力を仮らんや、恐れながら天朝も幕府も藩も入らぬ、只《ただ》六尺の微軀《びく》が入用、されど豈義卿義に負《そむ》く人ならんや」と主張したように、幕末維新期になると、そうした独立の精神をもつ武士たちが輩出してきた（相良亨『武士道』）。駒之助や常朝が、そうした武士につながることは明らかであろう。

だがひるがえって、そうした独立の気概をもつ人びとは、すでに近世の初頭から存在していた。藤《ふじ》原惺窩《わらせいか》は、下克上《げこくじょう》の風潮にみられる当時の道徳的頽廃状況を眼のあたりにみて、「方今《ほうこん》宇内《うだい》の搶攘《そうじょう》、独《ひと》り人を医《い》やすの術無きのみにあらず、又能《よ》く国を医やすの才無し」（「楽活撮要序」）と述べ、みずから主体的に「国を医やす」ための学問＝儒学を学び、国医にならんとした。また那波活所《なばかつしょ》は、「我等は公（頼宣）の御師範を仰付けられて御諫を申上、善道に進め中役人」と述べ、主君頼宣を「善道」に導くことを自己の任務とし、そのためには、「主君の御手討に逢ふ」（『祖公外記』）覚悟をもった「直諫」の人であった。

すなわち、自己の内面性を鍛えることで、自立した独立の精神を内面化させた人びとが、すでに近世初頭に存在していたのである。

駒之助や常朝の事例は、ようやくこのころには、一般の武士層にもそうした独立の精神が獲得されつつあったことを物語っている。

二つの潮流

ところで、駒之助は、「御家中侍下々町人百姓」を自己の立脚点におき、治者としての責任意識を内面化させていたのであるが、松陰は、外圧のなかで、「義」に立脚しつつ、いわば日本全体の立場から自己の責任意識を内面化させたのであった。このちがいにかんして、つぎのような事実に注目しておきたい。すなわち、一八世紀半ばに、平賀源内（一七二八〜七九年）が、「何卒《なにとぞ》日本の金銀を、唐《から》阿蘭陀《おらんだ》へ引たくられぬ、一ツの助にもならんかと」と述べ、いわば日本の「国益」を考えるにさいして、「国恩」に奉ずるという形で通商の問題を考えはじめていたことがそれである（大月明『近世日本の儒学と洋学』）。

つまり、一八世紀半ばには、個別藩単位ではなく、日本全体の立場で責任意識を内面化させていく方向性がみられたのである。したがって、松陰の立場は、駒之助や源内の系譜を引きながら、幕末の新しい状況のなかで生まれたのだということができる。それゆえ、駒之助のようなあり方は、ほぼ近世を通じて脈うっていたということもできるのである。

他方、常朝は、主君の家臣にたいする絶対的服従を求める論理を、家臣の側から積極的に受け入れ、主君の期待する家臣であろうとした。そこには、主君の絶対的優位という現実のなかで、家臣がそうした現実に適応しつつ、自己の可能性を最大限に生かそうとした姿勢を認めることができる。常朝の思想のなかに、近世的な考え方がふくまれていたことは、すでに指摘したとおりであり、そこに常朝の思想の新しさがあった。しかし、常朝の思想は、主君にとっての理想像であったとしても、必ずしも家臣にとっての理想像であったとはいえないだろう。そこには、主従間の対立関係がまったく等閑にされていたからである。

では、『葉隠』がとくに武士の典型であるかのように主張されるにいたったのは、いかなる理由からなのであろうか。この点をつぎに検討していこう。

『葉隠』の喧伝

さて、『葉隠』は、近世に版本として刊行されることはなかった。また、写本が今日一九種知られているが、その大半は佐賀県内に残されたものである（佐藤正英「『葉隠』の諸本について」）。さらにまた、佐賀藩主の後裔鍋島直紹《なべしまなおつぐ》は、『葉隠』が佐賀藩においても「あくまで秘本」であり、藩校「弘道館においても教化書として公に用」いられることはなく、むしろ「批判」されていたとする（「随筆『葉隠』」）。こうした事実は、『葉隠』が近世においては広く流布していなかったことを示している。

ところで、武士道が日清戦争後の明治三〇年代から声高く喧伝されはじめ、新渡戸稲造《にとべいなぞう》（一八六二～一九三三年）が一八九九（明治三二）年に『武士道』を著わして、その口火を切ったことはよく知られている。だが、同書は、そのなかで近世の武士の言葉をさかんに引用しているが、『葉隠』からはまったく引用していない。すなわち、当時はまだ、『葉隠』が武士の典型といった位置を占めていなかっただけでなく、新渡戸稲造は、おそらく同書の存在すら知らなかったと思われるのである。

つまり、『葉隠』が、いわば武士の典型であるかのような位置を獲得するのは、明治末年から大正にはいってからなのである。その後、日本の軍国主義化が進むとともに、『葉隠』に代表される武士像は、近世武士の典型としてますます喧伝されていくことになった。では、なぜこの時期になって、『葉隠』がとくに強調されるようになったのだろうか。それは、『葉隠』が、この時期の日本の支配層の精神状況と緊密な関係にあったからなのである。

無責任の体系

丸山真男は、『現代政治の思想と行動』に収められた「軍国支配者の精神形態」という論文のなかで、当時の「軍国支配者」たちが、(1)「既成事実への屈服」と(2)「権限への逃避」によって、「自己の無責任」を主張する論拠にしていたことを明らかにし、「日本ファシズム支配の厖大なる『無責任の体系』」、つまり支配層が一様に「主体的責任意識」を欠如させていたことを明らかにした。

その際、「既成事実への屈服」とは、「重大国策に関して自己の信ずるオピニオンに忠実であることではなくして、むしろそれを『私情』として殺して周囲に従う方を選び又それをモラルとするような『精神』」であり、「現実はつねに未来への主体的形成としてでなく過去から流れて来た盲目的な必然性として捉える」ことであった。また、「権限への逃避」とは、「訴追されている事項が官制上の形式的権限の範囲に属さない」ということであった。

さて、常朝が、諫言は家老の任務であって、一般の家臣としておこなうべきではないこと、ましてや、自己の「私情」からの諫言はおこなうべきでないとしていたことにまず注目したい。そこに、丸山が指摘した「軍国支配者」に共通の精神的あり方をみることは容易だからである。

また常朝は、主君の家臣にたいする絶対的優位という現実のなかで、主君への没我的献身を主張していた。その現実とは、常朝にとって、「御先祖様方」、つまり藩祖によってつくられたものであった。

すなわち、「面々家職を勤る外これ無き事に候（略）家職勤の能手本は、日峯（佐賀藩祖直茂）様・泰盛院（初代藩主勝茂）様にて候」とか「御上（四代藩主吉茂）にも、日峯様・泰盛院様の御苦労を思召し知られ、責《せめ》て御譲の御書物成共《なりとも》御熟覧候て、御落着遊ばされ度事に候」とあるように、常朝のみでなく、藩主や家臣にとっての現実とは、まさに藩祖がつくりだした現実にほかならなかったからである。つまり、常朝が「『現実的』に行動するということは、だから、過去への繋縛のなかに生きてい」たことを意味する。常朝が藩祖への回帰をくりかえし主張したことは、まさにそれを示しているといってよいのである。

さらに、丸山真男は、『日本の思想』において、「天皇制における無責任の体系」が、「決断主体（責任の帰属）を明確化することを避け、『もちつもたれつ』の曖昧な行為連関を好む行動様式」にあるとし、責任の帰属が、官僚→天皇→皇祖皇宗へと神話的世界に回帰されていくことで、「巨大な無責任への転落の可能性をつねに内包」していたとする。この点は、『葉隠』においても、責任の帰属が、常朝（家臣）→主君→藩祖という図式で抽象化・観念化されていたことに注意すべきだろう。

すなわち、両者においてはいずれも、自分の現にある生きた現実にたいする責任意識が稀薄であったことが知られる。その結果、「（葉隠の）文中に出て来る『国学』とは、藩の歴史、風俗といった広い意味で『お国ぶり』とでもいうべきであるし、『主君』とは藩主を指す。これが後年、国学は日本の歴史、主君は天皇というように拡大して解され、指導され」、「『葉隠』はわが国有数の武士道教本として」（前掲「随筆『葉隠』」）軍国日本のなかでさかんに喧伝されていくことになったのである。

ここで重要なことは、『葉隠』が軍国日本で喧伝された理由は、たんに武士道書として「武」を強調するためとか、教訓的な勇ましさを強調するためにあったのではなく、軍国日本の「無責任体系」に通じる側面があったからであり、かつ、「軍国支配者」の精神構造に適合的な思想であったからなのである。そして、この喧伝のなかで、『葉隠』は、あたかも近世武士の典型であるかのような虚像が創作されていったのである。

おわりに　武士社会の活力が失われたとき

不安定な立場

近世が政治思想の面で中世までと大きく異なっている点は、中世までのそれが、徳治や仁政を掲げながら、実体のない観念的なものにとどまっていたことである。

たとえば、平安朝や鎌倉期に徳治が語られても、その具体的中身は、変事がおこった際の寺社での祈禱が中心で、具体的な政策が問題にされることはなく、室町幕府でも、建武式目で「仁政」が主張されながら、具体的な政策レベルでは、特にめだった行動はとられなかった。この段階までは、政治の担当者が、不徳とか不仁を理由に、その責任を問われることはなかったのである。

ところが近世になると、仁政の中身が「安民」、とくに民衆を「飢寒」から守るといった具体的な問題として提示される。そして、その任務を実現しえない政治担当者は、その責任を負って、政治担当者失格の烙印をおされ、その地位から追放されることになったのである。

そのため、近世の武士は、「安民」の実現を口実にして、諫言などで藩政批判や主君批判を展開することが可能になった。直恒や駒之助などの例は、その具体例の一端を示しているのである。

だが、近世の社会は、大枠において身分制社会であったことも厳然たる事実であった。政治にかかわりうるのが武士のみであったことは、それを象徴的に物語っている。つまり、身分として武士であることによってのみ、政治にタッチしえたといってもよい。この場合の武士は、将軍や大名だけでなく、藩行政などに参加しえた中級以上の武士をさし、そうした武士のみが、政治に何らかの形で参加しえたのである。

しかしながら、そうした武士は、全体からいえば少数派で、大部分が下級武士に属し、とくに「足軽・中間・小者」などと呼ばれた最下層の武家奉公人は、身分的には武士であっても、そうした政治への参加はほとんど期待できなかった。この層は、早くも一七世紀後半以降、その供給源に「百姓」身分のものが取り立てられるなど、身分的にも非常に不安定な立場の人びとなのであった。

ところで、すでに述べたように、中級以上の武士でも、その家格や階層によって、公と私の関係はつねに相対的であった。存在そのものが公の立場を主張しえたのは、将軍一人とも考えられるが、理念的には、将軍といえども東照宮や天にたいしては、奉公すべき存在であり、その意味で私の立場にあったといえる。そうした公の階層的秩序のなかで、近世の武士は、それぞれが滅私奉公に励むことを期待されていたのである。近世の武士は、こうした制約のなかで、武士社会の安定のために、ある局限状態では、民衆をも視野に入れた藩政批判を展開することになったのである。

減退する活力

さて、これまで一七世紀後半から一八世紀前半の時期を主な対象に、当時の武士たちの日常生活を具体的に描きながら、そこから浮かびあがってくる彼らの思想や行動に言及してきた。その結果、武士たちの思想や行動が、彼らの日常生活をつぶさにみることによって、より鮮明になったかと思う。たとえば、『葉隠』は、山本常朝が生きた佐賀藩の実情と常朝自身の勤務ぶりをふまえることで、これまでとはまったく異なった『葉隠』像がみえてきた。また、浅井駒之助の獄死は、駒之助が生きた紀州藩の実情と駒之助の考え方をふまえることで、日常性をふみこえねばならなかった駒之助の行動の意味がみえてきたのである。

ところで、常朝や駒之助が生きた時代からほぼ一〇〇年後の一九世紀はじめ、すなわち、福沢諭吉が「門閥制度は親の敵」として描いた時代までに、近世の武士社会はどのような変化を遂げたのだろうか。この点についてつぎに少しのべておこう。

近世の幕府や藩の政治は、よく教科書などで、「知らしむべからず、依らしむべし」、つまり、庶民には一切情報や知識を与えず、庶民が幕府や藩の命令に従順であることを理想にしたと述べられている。おそらく、常朝や駒之助の時代ころまでは、原則としてそうであったといえよう。

しかし、一八世紀半ば以降には、もはやそうした対応では物事が円滑に進まなくなっていった。たとえば、一七三四（享保一九）年六月に京都に出された町触は、「惣て御触書之儀ハ、京都諸人之存じ弁へ候様ニとの御仕置候処、町々年寄五人組之者、念入に末々迄能く触知らさざる儀、甚不届」であるとし、「惣て御触書出申候ハヽ、早速裏々迄も残らず相廻し、御触書之趣呑み込まざる女童等えは、口上ニてとくと申聞せ呑込候様致すべく候」と述べられている（『京都町触集成』一二）。奉行所が出す触は、京都中の裏借屋まで、女子どもをふくめて周知徹底させよというのである。

右のような対応は、幕府だけではなかった。一八世紀半ば以降には、諸藩でもさまざまな情報を領民に流すようになる。たとえば、藩財政が逼迫するなかで、領民からの献金を求めようとすれば、藩政を円滑に運営していくうえで莫大な経費が必要なことを領民に納得してもらうため、藩政にかかわる多くの情報を流すことで、領民の協力を求めなければならなかった。後述する宮津藩では、そうした事態が「金米共ニ百姓を仰キ候姿」（後出『老のくり言』）と表現されている。こうした対応は、たんに財政的なことだけでなく、藩政のさまざまな分野にわたっていた。その結果、諸藩では、大量の情報を流すことが次第に常態になっていった。幕府や藩の本来の原則は、こうして大きな転換を余儀なくされていったのである。

また、すでにふれたように、一七世紀後半から、「足軽・中間・小者」など下級武士は、百姓身分の者が取り立てられるようになっていた。しかし、一八世紀半ば以降になると、そうした事態はさらに進行し、朝尾直弘がいっているように、「武家奉公人の士分への上昇、あるいはそれにともなう身分の新陳代謝の事例はめずらしいものでは」なくなってきた。それは、「藩政における実務型下役人の需要度が増した」ためで、「領内における生産と流通の具体的なあり方につうじ、それらの改善を進めることのできる人材を各藩」が必要としたからであった（「十八世紀の社会変動と身分的中間層」）。

だが、下級武士の世界でそうした流動化が進行するなかで、というよりは、そうした流動化に反発するかのように、中級以上の武士世界では、家格や階層がいよいよ固定化し、それまでの武士社会に一定の柔軟性を与えていた人材登用が滞るようになっていった。右のような事情で生じた下層と中級以上のギャップは、幕末に向けてますます大きくなっていった。その結果、能力に応じた地位の変動がみられなくなり、武士社会の活力は徐々に衰えていくことになったのである。

こうした状況下では、ある程度の能力をもった武士であっても、その能力をじゅうぶんに生かす場は極端にせばまる。さしあたって大きな矛盾がない場合は別として、ちょっとした事態の急変で、容易にその地位を失っていくことになったのである。以下、そうした事例の一つを紹介することで、本書のむすびにかえることにしたい。

財政窮乏のなかで——沢辺北溟と宮津藩

ここで取り上げる沢辺《さわべ》北溟《ほくめい》（一七六四〜一八五二年）は、宮津藩医沢辺知信の長子として生まれ、一〇歳で藩儒医の小林玄章に学び、その後、一七八七（天明七）年に京都に出て皆川《みながわ》淇園《きえん》の門に入り、宮津と京都を往来して学問に励み、上方では「山陰の宿儒」と呼ばれて、声望ともに厚い儒者となった。北溟は、一八〇一（享和元）年に宮津藩にもどって出仕し、その後、一八〇八（文化五）年、新藩主本庄宗発《ほんじょうむねあきら》のもとで「文学御相手」を勤め、翌年二〇石を加増されて一四〇石の知行高となった。ついで一八一〇年には、「御番頭格御勝手頭取」と「奥表御用人」を兼ね、窮乏の度を深めつつあった藩財政の運営を担当することになったのである。

ところで、宮津藩の本庄氏は、すでに述べたように将軍綱吉の生母桂昌院の弟宗資の代に大名に取り立てられ、一七五八（宝暦八）年に、浜松から七万石で宮津に入封した。こうした事情からか、本庄氏は新参の大名として幕府要職への猟官《りょうかん》運動に走りがちで、その家格と幕府勤役の維持のため、慢性的に財政窮乏の状態にあった。宗発は、右のような藩財政の窮乏のなかで、上方での信用が厚い北溟を取り立て、主に上方での金策にあてようとしたのである。

北溟は、御勝手掛り頭取として、財政向きの職務全体にかかわっており、必ずしも金策のみをおこなったわけではない。しかし、北溟の金策に奔走する様子をつぶさにみていくことで、一九世紀前半での宮津藩の武士世界の実態がよくわかると思われる。そこで以下では、北溟の金策に奔走する動きをあとづけながら、北溟が「蟄居《ちっきょ》」へと追い込められていく過程を、北溟が「蟄居」の翌年に書き上げた『老のくり言』（『宮津市史』所収）を素材にして考えていきたい。

あからさまな不信の念

北溟の金策の手はじめは、主君宗発が、一八一二（文化九）年三月に「御奏者番」を拝任した際で、「千五百両」の調達が命じられた。すぐさま「京大坂」への「出張」が命じられ、主に大坂町人を相手に金策をはじめた。そして、「先年已来御義理欠候事共、皆々不納得申」したが、何とか調達を実現した。その際、「京大坂共、小臣（北溟）、面目を失候事ハ、兼て覚悟之事」と述べているように、北溟は、すでに「御勝手掛」拝任の時点で、自分の「面目」が失墜していくことは、ある程度覚悟していた。その点はたとえば、宗発の「御奏者番」拝任前に、「小臣、先年再三御勝手之処ハ御免申上候へ共、各別之御懇命仰付けられ候事故、名望文業共ニ打捨候事と、上天へ誓ヒ取斗候事也」と述べていることからも知られよう。

だが、事態は北溟の予想をはるかにこえていた。彼は、この時点で、宗発に倹約を中心にした厳しい財政改革を上書していた。そして、宗発は、「厳法之時節宜敷と存候迄ハ、其方へ任せ置申すべし、左候ては御内入用等之処厚相含ミ取斗、差送り申すべき之旨」と述べ、一応は時期をみての財政改革を約束していた。しかし、現実には改革への意欲は薄く、「御内入用」の調達のみが先行したのである。

一八一三（文化一〇）年五月、「御猷様御縁組」のため「持参金七百両」の調達が命じられ、同時に、新たな屋敷購入費「七八百両」と「本所御殿」建て替え費調達が命じられている。こうした金策のため、大坂町人との交渉がくりかえされるなか、翌年正月には、「表御上屋敷焼失」が伝えられ、同年二月には、江戸から使者が大坂に下り、「京大坂ニて如何体ニいたし候ても苦しからず候、壱万五千両調達致すべし」との命が伝えられたのである。

北溟にとって「恐惑此上なき事」であったが、それ以上に、交渉相手の「京大坂銀主」は、「此方（本庄氏）様御高ニて御上屋敷斗り御類焼と申、壱万五千両も御入用と申義甚だ以って不審」と述べ、さらに「御類焼を幸の御名目ニて御物好キ之御内趣意」と「聊嘲笑之姿」をとっていた。すでに「京大坂」町人は、あからさまな不信の念をもっていたことが知られる。

このとき、升屋鉄次郎支配人善四郎は、一人で北溟のもとにあらわれ、「小臣へ対し御家政をなミし不敬之言語も申」すにいたった。しかし北溟は、「御大切之御用先キ堪忍仕り、何卒御可也《かなり》御用相弁候事第一と、胸中へ涙をそゝギ其儘」にさしおいた。「御用」第一と「胸中」に涙をとどめ、じっと我慢したというのである。だが、さすがに「古銀主支配人」とも身の危険を察してか、善四郎を二度と差し越すことはなかったという。北溟はこの件について、

尤小臣身一分之事に候ハ、深ク堪忍も致すべき事ニ候へ共、恐れながら　御家政を嘲り候ては君徳ニ拘り候義故、内々鎮平へ沙汰ハいたし置候事也

と述べているように、かなり緊迫した状況であったことが知られるのである。

その後も江戸表からの催促のなかで、北溟は、「往来遊学之節懇意之人」をたより、「全ク義理」にすがりながら金策に奔走した。しかし、借財は増えるばかりで、同年七月には、「御借財高凡拾壱万千両余、当年御収納米六万俵程は已ニ上納」済みという事態にまでたちいたっている。

ところが、同年八月には、また江戸表から、「御普請金不足」、「御産御入用金」、「於美禰様御祝用

金」の調達依頼がもたらされた。さらに同年一〇月には、奥方の死去にともなう「御入用」ばかりか、宗発の寺社奉行加役拝任の内意があって、そのため「取敢えず三千両程」の金策が命じられた。北溟は、こうした事態のなかで、「昼夜砕身之働を尽」す一方で、「往々は御厳法執行せらるべき」旨の言上をくりかえすばかりであった。

こうした財政窮乏の一層の深刻化のなかで、北溟が、倹約と新たな借金の取りやめを軸にした「至厳之御法」実施を強く求めた結果、一八一五年四月には、一度は「御厳法」の採用がきまった。

認識の差

ところが、同年八月には「大久保御前様」が死去し、「五百両」の調達依頼が届いた。そのうえ、同年一二月には、江戸より「御勝手懸り神戸直兵衛・杉浦清兵衛」が京着し、「江戸表もはや御厳法之御振合イ変り居申候、御借入等これなくては中々御取続キ出来致さず」と、早くも「御厳法」が取りやめになってしまった。借金依存の体質は、容易には改められなかったことが知られるのである。

その際、直兵衛が内々いうには、「清兵衛六ヶ敷事ニ存候へ共、沢辺を一トをどしをどし候て、京都ニて都合致させ候半と申居候」と、江戸では、北溟を「をど」せば、金策は簡単にできるという、きわめて楽観的な見通しに立っていたことが知られるのである。

直兵衛・清兵衛は、宗発の側近であろうか、この後もたびたび上意を伝えに、京都や宮津に下っている。右の言葉からわかることは、江戸では、藩財政の困窮にたいして、ほとんど危機意識をもっていなかったことである。こうした江戸と国元での認識の差が、事態を一層悪化させていったのである。

北溟は、こうした事態のなかで、すでに一八一五年一〇月の段階で、「掛り御免」を願い出ている。直接には「痔疾」を理由にした「病引」であった。そのため、筆頭家老の沼野内蔵介から、「当暮御越立之処甚だ御六ヶ敷、目前御差支相成るべく候間、迷惑ながら出勤いたし候」とか、直兵衛から、「痛所これ有り難義ニハこれ有るべく候へ共、御家之大体ニ拘り候義、推て罷出るべく候」と説得され、さらに月番家老鞍岡三郎右衛門からも、「御難義ハ察入候得共、今暫之所御勤御座候様御列席皆々同様」と説得された。

しかし北溟は、「暮御越立之事ニ付、清兵衛異存等これあり、都《すべ》て落合わず」と、江戸の「御勝手掛」と意見が異なることを理由に、翌年二月に役義御免願を提出し、掛りの中心から退いた。そのため、同年三月には、「江戸表懸りえ直兵衛より要務之処申遣、彼方よりも要務は同人へ申来」り、北溟は、「連名は一ト通り之義」となった。

つまり、「要務」は、江戸からきた直兵衛が取り扱い、北溟は形式的に連署するのみとなったのである。

強硬措置

ところが、江戸の「御勝手掛」の面々では、上方での交渉がまったく進展せず、主君宗発の帰国費用捻出にも事欠くありさまで、「目前之御差支」が迫るばかりであった。

かくして、差し迫った金策のため、北溟の「出京」が期待され、沼野内蔵介から「御家之御為」に「推て御出張」が求められた。そのうえ、京坂の「銀主」など「諸向追々出訴と相成候勢」が強まり、宗発の「御勤之御故障」さえもが心配されるにいたった。

そうしたなかで、強く「出京出坂」が命じられ、北溟はやむなく「出張」を承知することになったのである。

上京した彼は、「千辛万苦之掛合」で交渉に臨むが、一八一六年七月には、「御隠居様」の死去で、またもや「五百両」の金策が追加され、もはや強行手段よりほかなくなってしまった。そのため、京都や大津での金策を進める一方で、大坂の「古銀主」にたいしては、同年八月に、「長兵衛手代始四家支配人対談、手切レ之厳敷掛合、何れも無言ニて退散」と「無理無体」に対談を打ち切った。おそらく、借金の踏み倒しにちかい強行措置がとられたのであろう。そのため、「再ビ出坂御用等は小臣相勤め難き義と相成」ったのである。

北溟はこのあとで、「君之御為と存じ奉り候へば、天も照臨有るべき義と聊以って後悔これ無き義也」と、「君之御為」にはやむをえないと開き直っている。「君之御為」がすさまじい力を発揮していることが知られる。さらに彼は、「此度ハ他所御用之御奉公是迄と上天ニ誓候て罷出候処、可也相済ミ御威光有り難き仕合也」と記し、交渉の場での主君の「御威光」の偉大さに感服してもいる。北溟は、交渉の過程で、主君の「御威光」の力をあらためて再認識したのであろう。北溟は、こうした

「御威光」の力を背景にして、何とか急場をしのぐことができたのである。

こうして、宗発の「御帰城」がなんとか無事に実現し、同年九月、北溟は先の「内願」通り、「御勝手掛り御免」となり、「折々文学御相手」と「大奥掛り」などを勤めて「月番御免」となり、「御番方ハ申合相勤むべき」ことが命じられた。

しかし、翌一八一七年二月には、ふたたび「御番頭上席、御勝手頭取、御家老御相談相手御用人」を「是迄通」り勤めるべき「直命」をうけ、さらに主君から、「追々御改法」を命じるので「心得」おくことが仰付けられたのである。

だが、このころから「宮津御領内之人気《ひとけ》至て六ヶ敷偏執之風」が顕著になりつつあった。そのため、北溟は、「自然ニ犯上之勢も萌し居候也と恐入候次第ニこれ有り候、郡奉行御代官共先機を察候事平日肝要之義と存じ奉り候」と、宗発へ上書を提出し、さらに、「御拠なく御領内へ年分御暮方之御定用仰付けられ候へ共、至て宜からず候義也と存じ奉り候、王制之通り、入るを量り出るを制す之掟ニはまり候ハヾ此上なき事ニ候へ共、当時天下之時勢左様ニは参兼候、付ては金米共ニ百姓を仰キ候姿ニて、追々上を蔑如仕候風甚敷相成るべく也と恐入候」とも述べている。北溟は、宮津藩の「百姓」に依存する体質が深まることで、「百姓」が「上を蔑如仕候風」を強めていると指摘し、そうした状況に危機感を深めつつあったのである。

腰痛をおして

さて、一八一八(文政元)年八月、宗発が正式に寺社奉行加役を拝任した。そのため、北溟は、同年一〇月に「京大坂御用」を命じられ、「例之通御六ヶ敷義は筆耕ニ尽し難き事共」をくりかえさねばならなかった。

たとえば、一八一九年二月、杉浦清兵衛が同道した大坂の交渉は、「大坂之人気江戸之御役人相好まず、小臣ハ従来之不義理甚だ以って請宜しからざる也、ことノ外六ヶ敷事」と、思うように進展しなかった。また同年七月ごろには、北溟は「腰痛」で「歩行」困難にたちいたっている。こうして、同年暮には、「来辰年は御定用等之出方甚だ恐入候御次第と相成」ることが予想され、財政窮乏がいよいよ深刻の度を増してきたのであった。

北溟は、翌一八二〇年四月にも「京大坂」での金策を命じられるが、「中々以って私対談に及候共、信服仕るべき様子ニ御座な」く、「年々御不義理斗り取斗来候事故、彼等私申出候義決て信用仕ル間敷」と上申し、北溟の「出張」が一度は取りやめとなった。

新たな難問

ところが、ここに新しい問題が持ちあがった。「江戸表大御差支」のため、江戸の御勝手掛り山川十右衛門が、円満院宮や青蓮院宮から「御名目金」(寺社などの名目をかりて、貸借訴訟などを有利にした金融)を借りたのである。

この「名目金」の借入は、北溟が「御役御免」を願い出、第一線から退いていた一八一五年から翌年春のことで、彼が、「当時御役（寺社奉行）ニては此所如何と掛念仕事ニ候」と述べているように、宗発が寺社奉行加役の内意をうけているなかで、将来に禍根をのこすと「掛念」していたことが現実になったのである。すなわち、宗発が寺社奉行加役となり、寺社の「取扱」が公務となったいま、寺社からの名目金借り入れは、大変不都合なことになり、その解決が急務となってきたのである。

そうした緊迫した状況にもかかわらず、一八二一年六月、沼野内蔵介は、「江戸表ニては左程之御差支と承知致さず候」と、江戸では相変らず藩財政や「名目金」の問題にかんして、まったく危機意識がないことを見聞して帰国した。そのため沼野は、「いづれ御力ニも存罷帰候事故、一ト御工夫成され候」と、自分も助勢するから、何とか「一ト御工夫」願いたいと、北溟の再度の出勤を求めたのである。

北溟は、こうした事態におよんで、「私義ハ別家仰付けられ、各別之御懇命御役義を蒙むる之事故、病引を以って願い奉り候義も甚心底恐入候、病を以って偽り御免相願候抔ハ、累世之家系之自分之事ニもこれ有るべし」と、主君宗発との特別な関係の前には、病気など所詮「自分之事」にすぎないと、再出馬を承諾せねばならなかったのである。

人頭税

北溟は、一応承知したうえで、「一体当時之御勝手、一万金余も天より降候如キ事これ無くては、迚も御凌方これ無く候」との厳しい現状認識に立って、沼野が「得と御踏留」、つまり最後まで助勢してくれるなら、「一万金余」を捻出するための「極秘之一術」を「御奉公納」めに実施したいが、沼野に別の「手段」があれば、「此術御無用」と進言する。その結果、沼野は、「色々考へ候へ共、外ニ御凌方工夫もこれ無く候」と述べ、北溟の「一術」に期待することになった。

北溟はその一方で、「元〆郡奉行」や「手組之者」といわれる領内富裕者へも「極密」に相談し、彼らの存念を求めた。しかし、いずれも「一統恐入」るばかりで、別の「心得」もなく、なかなか決着しなかったが、「追々相談を遂げ」、ようやく「惣一致推出し申すべく義と相成」り、「元〆郡奉行」以下の諸役人がその準備に着手したのである。

北溟は、この間の事情をつぎのごとく書き留めている。

> 臣、往年より不肖ながら先賢之遺訓を彼是と誦読いたし、百姓方を第一ニ大切ニ取治メ申すべき義も随分略心得罷在、上（宗発）ニも毎度御仁恵之尊慮在らせられ候事故、此度之発端甚だ以って心配之事ニハ候へ共、袖手旁観いたし居候へば、恐れながら遂ニハ御勤も成させられ難き御危難之場へ至り申すべし、いずれ小臣進退維谷《これきわま》る之時節と相見へ候、蜀ノ孔明ニても蜀氏を労困すと云フ謗を得候事、（略）況ヤ小臣とても有徳仁人の誉を求ムべきにあらずと自ら胸中に決着いたし、此度之義を存立候事也、しかし、内蔵介殿決策の一言これ無く候ハゞ思ヒ留り申すべしと兼て心得候処、御同人も外ニ手段もこれ無し、下方御役人も曠日悠久之姿ニて、諺ニ申ス油売り

の地獄え落ルとや、是の如き有様ニもこれ有るべし、拠なく決策致され候事と察入候也すなわち、自分は「百姓方を第一ニ大切」にすべきことは知っているが、このまま「袖手傍観」していては、主君の「御勤」も危うくなる、今は自分の「進退」きわまった時であり、自分の「有徳仁人の誉」などにこだわらず、事にあたるべきだと決心したのであった。ただ、北溟の心の拠《よりどころ》に、沼野の「決策」があったことには注意しておきたい。

さて、北溟がいう「極秘之一策」とは、領内の「在町」への新たな賦課であった。一つは、「在町身元之者御頼銀」、つまり、領内富裕者に献金を求めるもので、銀六〇八貫目余が集められた。もう一つは、「在町万人講」、つまり、領内の一般民衆にたいするいわば人頭税で、銀二三一貫目余が徴収された。こうして、同年一一月には、「鶴崎御蔵へ御年貢米充満仕り、三十年来これ無き事」と、一安心することになったのである。

百姓一揆の勃発

ところが、同年一一月末には、またしても江戸から、「御公務御差支」を理由に、「臨時之内金千五百両」の調達依頼が送られてきた。江戸に出府した町人綿屋万助は、こうした状況について、「中々以って江戸表之処真ニ御勝手之淵底御弁へ御取斗成され候義とハ相伺わず候、恐入候御もよふニ御座候」と、江戸での危機意識のなさにあきれはてている。

こうしたなかで、一八二二（文政五）年春には、宗発に「円満院其外宮方御貸附金御取扱」の役が命じられた。そのため、宮津藩が円満院宮などの「名目金」を借用していることが知られると困る事態が現実になり、何とか借金を別金融に「繰替」えて、宗発の「御名」が出ないよう処置せよとの命が北溟に下った。他方で、山川十右衛門は、「何も箇も其御地へなげかけ遣候ても、そふ〳〵ハ成され方も御座有間敷也」と、一応は恐縮してみせながら、結局は「どふぞ両三月は御定用江戸表ニて融通出来候様」にと、新たな金策を求める始末であった。だが、沼野や鈴木匡、有本吉右衛門ら重臣に相談しても、「一統恐入候と斗り差当り存念もこれ無き由」と、まったくあてにできなかったのである。

北溟はそのため、配下の役人と調査し、「名目金」がおよそ「壱万四五千両」であることを確認し、その「繰替」の方策をさぐるとともに、「本所御殿御普請」など新たな「三千両程」の金策にもあたるため、またしても上方に出立することになった。だが、そうした交渉の最中に、またもや「御手元へ御積遊ばさる内御用意之尊慮」として、「千両程」の金策が江戸から伝えられ、北溟は「鬼神夜哭とも申べし」と、その絶望的な心中をもらさざるをえなかったのである。

それでも、こうした状況のなかで、同年一一月には、宇野七兵衛など大津町人や京都町人との交渉で、主君の「御裏印之御証文」を「拙者奥印之証書」と引替えて「取戻」すことに成功し、あわせて江戸への送金のめどをつけたのであった。

そして一二月に入り、「当年御越立至て緩々参候旨、下方手組抔も年忘ニても仕候心得」で、宮津では「極御静謐」との書状が来た直後、北溟の息子淡蔵らからつぎのような急便が届いた。「郷中十三日夜より騒動、大庄や庄や居宅打崩、追々乱妨甚敷、藩中へ押込ミ申すべき勢、拙宅尤見込ミ居候趣」と。北溟は、「誠ニ驚入言語もこれ無き次第、九日之宮津来状と雲泥之義、不審此上無き義、唯恐入候ハ御徳義を一時ニ無ニ仕候義、申上ぐべき様これ無し」と、このときの驚きぶりを伝えている。

「蟄　居」

北溟は、翌日すぐさま「藩邸之人士」を集め、「覚悟之荒増」、つまり宮津への帰国を述べたが、皆皆の「今暫御勘弁」との引き留めにしたがい京都にとどまり、「名目金」等の処理を完全におえるため全力を尽くすことになった。北溟のこの時期の不安定な心の動きは、つぎの記事からうかがわれる。

紞（北溟）身を処する之進退甚だ当惑候付、昨日松井暉星（老儒七十余歳）え内々占鬮相頼候処、いづれ春ニ至り候ハヾ事明白たるべく候間、只今の処ニては如何様ニ国本より申来候共、御主人より仰付けられ候御用を専一ニ御守り、臣節を立貫キ候より外これ無く間、一日〳〵と延引候てなり共、在京之方宜敷と考へ候旨申越

北溟は、自分の身の「進退」に当惑し、老練な儒者に易で占ってもらっているのである。さすがの北溟も、占いに頼るほどに自信を喪失させていたことが知られるのである。

しかし、現実には宮津での一揆の勃発によって、金策などを交渉していた町人のあいだに動揺が広がり、それへの対応に「毎日夜寸隙無」きあり様となった。北溟は、「単身重囲に陥いると日記中に

認置候、私之今日之光景也」と、文字通りの孤軍奮闘であった様子を伝えている。

そうしたなかで、同年一二月二四日、宮津の沼野から「米会所引替へ差支、又々一変出来申すべし」との「恐惑」した書状が入り、早急な返金が求められた。そのため、北溟は、すぐさま決断し、大津町人へ渡すはずであった「千両」を宮津へ返送した。その結果、翌二五日の早朝、宇野七兵衛が来宅し、「夜叉之如ク之理屈」で違約をなじった。かくして、配下の「鎮平・衛門蔵も無言ニ居候斗り也、拙者不取斗之段真平ゆるし呉候様段々申断ル、誠ニ心外骨髄に徹し候、血涙を胸中ニ流し候へ共、御家之御為と存じ奉り候て堪忍取斗候」と平謝りせざるをえなかった。そこへ京都より二〇貫目ばかりが来金し、それを七兵衛に見せて、大晦日までに六貫目、三百貫目は「来年之勘定」との約束で、何とか収拾できたのであった。

翌日、「七兵衛内々深更ニ罷越、請合イ候旨これを申し、其節、拙者（北溟）心中嘸《さぞ》残念ニこれ有るべし、しかし御主人様之御為、町人之私共へ昨朝ノ通り御断り成され候義、全ク御忠勤と存じ奉り候、御冥加は屹度これ有るべき義など申上」げたという。返金で迷惑をかけた町人ですら、北溟の苦渋に同情せずにはおられなかったことが知られる。この間、沼野が助勢した様子はまったくみられないのである。

北溟は、翌一八二三年正月二六日、一揆勃発の責任を負って「御役」召放ちのうえ「蟄居」を仰付けられ、さらに二月一三日、知行を召上げ、「十人扶持」が与えられることになった。北溟はこのあ

と、

> 年来御六ヶ敷御勝手引受、落着是の如く相成候、抑十六年前辰年より不肖之身分一図ニ御為存じ上げ奉り、名節人望打崩シ相勤来候処、何共恐入候次第と相成候得共、皇天后土鬼神必ず鑑《かんが》みる所有らん

と記し、この著をおえている。北溟は、まさしく学問によって得た「名節人望」をすべてなげうって、主君の「御為」に尽くしたのであり、滅私奉公そのままの生き方をしたことが知られ、そうした自分の生き方を、最後には、天神地祇や鬼神の判定にゆだねざるをえなかったのである。

北溟の不運

北溟にとって不運であったのは、当時の宮津藩の状況であった。宮津藩に有能な家臣がいなかったわけではない。配下の役人の金策などでの活躍ぶりは、北溟自身がくりかえし述べている。にもかかわらず、江戸では、主君の幕閣内での昇進のみが課題とされ、領内の実態にはほとんど眼が向けられず、北溟が頼りにした国元の家老など重臣も、危機が差し迫ればほとんど頼りにならず、個々の金策などには有能な配下の役人も、藩財政の見通しを考えるとなると、何の献策も期待できない有様なのであった。

江戸の御勝手懸り役人で、たびたび主命を帯びて下った杉浦清兵衛と神戸直兵衛は、ともに二代藩主資俊の代に藩士となった人びとの子孫で、杉浦氏は一七〇一（元禄一四）年、神戸氏は一七〇二

（元禄一五）年に出仕している。つまり、宮津本庄家では比較的古参の家臣であったといえる。そうした事情が、「別家」で新規に召し抱えられた北溟にたいし、「人をどしをどし候」といった、見下した態度をとらせることになったのである。

北溟は、主君宗発に重用され、「厳法」などでくり返し上書をあげ、宗発からもたびたび「御仁慈之御内意」を受けてはいた。しかし、宗発にとっては、結果的には、金策のための重用であったから、百姓一揆がおこると、トカゲの尻尾切りのごとく、北溟に主要な責任を負わせ、事態の収拾を図ることになったのである。宗発は、その後、大坂城代と京都所司代を経て、老中にまで昇進した。しかも、御頼銀による資金調達は、一揆後もつづけられて常態化し、万人講も、「三百人講」などと形式を変えながら継続されていったのである。

右にみてきたように、北溟の「御家之御為」に孤軍奮闘する姿をみるとき、主君の側の論理である滅私奉公が、近世後期になって家格や階層の固定化のなかで、その威力を一層増し、家臣の側の「義理」や「責任意識」といった道義的拠点を浸食して、武士社会そのものの活力を消耗させていった様子がよくわかっていただけたかと思う。

北溟が生きた一九世紀前半の宮津藩の武士社会は、「はじめに」で述べたような、福沢諭吉が描いた武士社会に通底するものがあったのである。すなわち、本来の武士社会がもっていた活力が、そこでは急速に失われつつあったことが知られる。武士社会は、こうして崩壊への道を着実に進めていくことになったのである。

参考文献

はじめに

福沢諭吉「旧藩情」（『福沢諭吉全集』岩波書店）
福沢諭吉『福翁自伝』（岩波文庫）
新見吉治『改訂増補下級士族の研究』（巌南堂書店、一九六五年）
藤井譲治『江戸時代の官僚制』（青木書店、一九九九年）

第一章

藤原惺窩「逐鹿評」（『藤原惺窩集』思文閣出版）
藤井駿ほか編『池田光政日記』（国書刊行会）
津田左右吉『文学に現はれたる我が国民思想の研究――武士文学の時代』（岩波書店）
山崎宗鑑撰「犬筑波集」（『古典俳文学体系』一、集英社）
「長者教」（『日本思想大系』五九、岩波書店、一九七五年）
那波活所「桜譜」（『活所遺藁』京都大学附属図書館蔵、一六六六年）
山崎闇斎『桜之弁』（内閣文庫蔵）
貝原益軒「和州巡覧記」（『益軒全集』七、国書刊行会）

貝原益軒「諸州めぐり南遊紀行」（前掲『益軒全集』七）
三熊花顛「続近世畸人伝」（『日本古典全集』四六）

第二章

三浦為時『御用番留帳』（和歌山大学紀州経済史文化史研究所蔵）
石橋生庵『家乗』（清文堂、一九八四年）
『三浦系図伝』（和歌山県立図書館蔵）
『寛政重修諸家譜』（続群書類従完成会）
平井鈴雄『紀藩家老三浦家の歴史』（一九八七年）
「東金城明細記」（『房総叢書』一）
「土気東金両酒井家伝」（『東金市史』史料篇二、一九七八年）
『南紀徳川史』（清文堂）
『武士としては』（中外出版社、一九一二年）
「番衆狂歌」（『改定史籍集覧』一七）
「南龍公訓諭」（神宮文庫蔵）
島田虔次『大学・中庸』（朝日新聞社、一九六七年）
氏家幹人『江戸藩邸物語』（中公新書、一九八八年）
『加賀藩史料』二〜五（一九二八年）
若林喜三郎『前田綱紀』（吉川弘文館、人物叢書新装版、一九八六年）

原昭午『加賀藩にみる幕藩制国家成立史論』（東京大学出版会、一九八一年）

第三章

神坂次郎『元禄御畳奉行の日記』（中公新書、一九八四年）
山本博文『江戸お留守居役の日記』（読売新聞社、一九九一年）
田原嗣郎『赤穂四十六士論』（吉川弘文館、一九七八年）
勝俣鎮夫『戦国法成立史論』（東京大学出版会、一九七九年）
藤原惺窩「寸鉄録」（前掲『藤原惺窩集』）
山鹿素行「山鹿語録」（『山鹿素行全集』岩波書店）
山鹿素行「山鹿随筆」（前掲『山鹿素行全集』）
荻生徂徠「徂徠先生答問書」（『荻生徂徠全集』六、河出書房新社）
福井久蔵『諸大名の学術と文芸の研究』（原書房、明治百年史叢書、一九七六年）
『萩藩閥閲録』（山口県文書館、一九七九年復刻）
『毛利家文書』（東京大学史料編纂所編『大日本古文書』）
「玉滴隠見」（『内閣文庫所蔵史籍叢刊』）
大藪国義撰『祖公外記』（東京大学図書館蔵、一八〇八年）
『加納五郎左衛門行状』（内閣文庫蔵、一七〇九年）
相良亨「『葉隠』の世界」（『日本思想大系』二六、岩波書店、一九七四年）
三島由紀夫『葉隠入門』（新潮社、一九六七年）

小池喜明『「葉隠」の志』（武蔵書院、一九九三年）
山本常朝「葉隠」（前掲『日本思想大系』二六）
近藤斉『近世以降武家家訓の研究』（風間書房、一九七五年）
松田修「葉隠序説」（『国語国文』三九九、一九六七年）
「文阿弥花伝書」（『五個荘町史』三、一九九二年）
吉田松陰「草莽崛起論」（安政六年四月頃野村和作宛書状、『日本思想大系』五四、岩波書店、一九七八年）
相良亨『武士道』（塙新書、一九六八年）
藤原惺窩「楽活撮要序」（前掲『藤原惺窩集』）
大月明『近世日本の儒学と洋学』（思文閣出版、一九八八年）
佐藤正英「『葉隠』の諸本について」（前掲『日本思想大系』二六）
鍋島直紹「随筆『葉隠』」（神子侃『葉隠』徳間書店、一九六四年）
新渡戸稲造『武士道』（岩波文庫、一八九九年）
丸山真男『現代政治の思想と行動』（未来社、一九六四年）
丸山真男『日本の思想』（岩波新書、一九六一年）

おわりに

『京都町触集成』一一（岩波書店、一九八四年）
朝尾直弘「十八世紀の社会変動と身分的中間層」（『日本の近世』一〇、中央公論社、一九九三年）
沢辺北溟『老のくり言』（『宮津市史』史料編二、一九九七年）

全体にかんするもの

和辻哲郎『日本倫理思想史』（岩波書店、一九五二年）
尾藤正英「封建倫理の問題を中心として」（『民族の文化について――歴史学研究会一九五二年度大会報告』岩波書店、一九五三年）
家永三郎「主従道徳の一考察」（『史学雑誌』六二―三、一九五三年）
高柳光壽「武士道」（『日本文化研究』八、新潮社、一九六〇年）
進士慶幹『江戸時代の武家の生活』（至文堂、一九六一年）
源了圓『義理と人情』（中公新書、一九六九年）
石井紫郎「近世の国制における『武家』と『武士』」（『日本思想大系』二七、岩波書店、一九七四年）
進士慶幹編『江戸時代武士の生活』（雄山閣出版、一九八一年）
武士生活研究会編『絵図でさぐる武士の生活』Ⅰ〈職制・儀礼〉、Ⅱ〈生活・文化〉、Ⅲ〈武芸・事件〉（柏書房、一九八二年）
石井進「主従の関係」（『講座日本思想』三、東京大学出版会、一九八三年）
原道生「虚構としての『義理』」（前掲『講座日本思想』三）
寺田透「無私についての対話と書簡」（前掲『講座日本思想』三）
高島元洋「近世武士における死と時間の意識」（前掲『講座日本思想』四）
旧事諮問会編『旧事諮問録』（岩波文庫、一九八六年）
笠谷和比古『主君「押込」の構造』（平凡社、一九八八年）

本郷隆盛「理外の道——山本常朝」（『思想』七七二、岩波書店、一九八八年）
市岡正一『徳川盛世録』（東洋文庫、平凡社、一九八九年）
二木謙一『慶長大名物語』（角川書店、一九九〇年）
柴田純『思想史における近世』（思文閣出版、一九九一年）
柴田純「桜の花見」（『地中海文化研究報告』V、一九九三年）
古川哲史『葉隠の世界』（思文閣出版、一九九三年）
柴田純「近世的思想の形成」（『岩波講座日本文学史』七、岩波書店、一九九六年）

表２　石橋生庵学問修養年表

年　月　日	事　　　項
寛永19(1642)年７月21日	生庵、紀州海部郡弱山吹上村に生まる
承応元(1652)年10月19日	はじめて『大学』を石川氏に学ぶ
11月６日	『大学』おわる
11月７日	『論語』を学ぶ
12月24日	『論語』おわる
12月27日	『中庸』はじめる
承応２(1653)年１月17日	『中庸』おわる
１月21日	『孟子』はじめる
３月27日	『孟子』おわる
３月30日	『古文』を小出半之丞に学ぶ
６月17日	『古文』おわる
６月29日	『三体詩』はじめる
10月９日	『三体詩』おわる
10月13日	『錦繡段』はじめる
11月８日	『錦繡段』おわる、はじめて『大成論』を閲す
11月18日	『大成論』おわる
11月19日	はじめて『察病指』を閲す
11月25日	はじめて『太平記』を閲す
11月26日	はじめて『正伝或問』を閲す
承応３(1654)年１月15日	はじめて『格致』を閲す
３月30日	『俗解難経』を石川氏に学ぶ
５月12日	『原病式』を閲す
６月11日	『本義難経』を閲す
７月19日	『内経』を買う、値段は三分
10月14日	『万病回春』を閲す
承応４(1655)年３月29日	『運気論奥』を閲す
７月３日	『山谷』を金龍寺に学ぶ
10月５日	『山谷』を習いおわる
明暦２(1656)年１月20日	配剤をはじめる
12月20日	はじめて算学を学ぶ
明暦３(1657)年10月18日	今日より官家に侍り進退の節を習う
万治２(1659)年９月20日	師石川李右衛門、松原の蜂屋氏門前に頓死す、75歳
万治３(1660)年３月28日	佐々木専衛門の紹介で、はじめて李衡正先生・川村徳源丈に謁して門生となる
４月１日	『詩経』はじめる
４月28日	『詩経』上おわる
５月16日	『詩経』下おわる

5月18日	『杜律』はじめる
6月24日	『杜律』おわる
6月25日	『書経』はじめる
6月28日	李衡正先生、主命にて『孝経大義』を講ず、生庵末席にて聴講す
7月3日	『書経』上おわる
7月4日	李氏、『孝経』を講ず、生庵聴講す
7月9日	李氏、『孝経』を講ず、盂蘭盆のためしばらく講なし
7月19日	李氏、『孝経』を講ず
7月23日	李氏、『孝経』を講ず
7月26日	李氏、『孝経』を講ず、格庵儒生の婦人死去し、しばらく講なし
8月7日	今朝先生講義す
8月9日	先生講義す
8月14日	先生講義す、この日『孝経』おわる、生庵一席も欠かさず聴講す
8月23日	永田格庵先生死去す
9月8日	『礼経』を学ぶ
9月20日	榎本浄源『大学』を講ず、生庵聴講す
10月16日	川村徳源先生、はじめて徳川頼宣に謁し、名を清軒と改める
10月19日	『礼記』おわる
10月20日	『周易』はじめる
10月晦日	『周易』おわる
11月朔日	『春秋』はじめる
11月6日	『春秋』おわる
11月7日	『簡斎』を習う
11月11日	『四書大全』を買う、値段は四十有三銭
11月15日	清軒先生『三体詩』を講ず、生庵も末席で聴講す
11月17日	先生講義す(11月20、22、24、28日)
11月25日	『簡斎』おわる
12月1日	先生講義す(12月3、5、7、9日)
万治4(1661)年1月16日	李立卓丈、『中庸』を水門家に講ず、生庵も末席で聴講す
1月23日	『中庸』の講義(1月28日、2月2、13、18、23、26、28日、3月朔日)
2月13日	はじめて『膾余録』を閲す
3月5日	はじめて『蒙求』を閲す、先生の『中庸』を借りて朱点す
3月7日	去る4日の『中庸』講義は出席できなかったため書かず
3月9日	『中庸』の講義(3月13、16、18日)

3月19日	先生潤色の『大学』を借りる
3月20日	清軒先生『三体詩』を講ず
3月22日	朝飯後清軒先生講義、講義終了後、清軒公・浅井駒之助ら6名と宇治の花園にて宴、宴終了後、『中庸』の講義を聞く
3月23日	『三体詩』講義(3月27、28日、4月朔、2、3日)
4月4日	『三体詩』講義おわる、生庵一席も欠かさず
4月10日	永田順斎死去
6月8日	清軒先生『杜律集解』を講ず(6月28日、7月朔、3、6、8、10、11、12、18、20、22、24、26、28、晦日)
8月2日	『杜律集解』上おわる
8月4日	常州大守死去のためしばらく休講
閏8月13日	『杜律集解』講義(閏8月15、17、19、21、24、27日、9月13、15、17、21、23、25日)
9月27日	『杜律集解』講義おわる、生庵皆勤
10月27日	清軒公『書経』を講ず、生庵末席で聴講(11月朔、3、6、9、12、15、17、19、21、23、25、27、29日、12月2、4、6日)
12月8日	清軒公『書経』を講ず、これ以後は歳末のため休講
寛文2(1662)年1月7日	生庵、元日詩を李先生に呈し、斥正を受く
1月11日	李先生、読書始に『論語』を講ず、生庵出席
1月19日	清軒先生講義(1月21、23、25、27日、2月2、4、6、8、10、14、16、20、22、24、28、晦日、3月5日)
2月20日	生庵、はじめて鈴木氏に『孫子』を講ず(2月25、晦日、3月5、17日、7月18日、8月5日鈴木氏母死去)
3月7日	清軒先生講義、これ以降、頼宣公帰国のため休講
3月10日	今日鈴木氏のもとめに応じ『孫子諺解』を制す
3月15日	牡丹の両絶を先生に呈し斥正を請う
4月2日	生庵、この日より24日まで病気
5月23日	清軒先生講義(5月25、27、晦日、6月4、6、8日)
6月17日	清軒先生講義、10日、12日、14日に講義あるも、生田氏の喪により、生庵出席せず
6月19日	清軒先生講義(6月21、23、25、27日、7月5、9日)
9月3日	清軒先生講義(9月6、15、16、17、19、21、22、24、25、28、晦日)
10月2日	清軒先生講義(10月4日)
10月15日	清軒先生講義、去る13日講義あるも、生庵遅刻のため講義を聞かず
10月18日	清軒先生講義(10月20、22、25、27、29日、11月朔、3、8日)

注:『家乗』により作成。

表 3　石橋生庵講義年表

年　月　日	事　　　項
寛文 4 (1664)年 6 月28日	紀岡與次兵衛来たって門生となるを請う、生庵承諾す
11月12日	紀岡氏、『語録解義』を借り謄写す
寛文 5 (1665)年 1 月11日	根来氏息半三郎、生庵の門生となる
3 月20日	与次平のため『論語』を講義す
5 月12日	佐左衛門来たって門生となる
寛文 6 (1666)年10月18日	昨日、宮崎氏の仲介で生庵の門生となった和田宗徳が来て、『大成論』を学ぶ
寛文 7 (1667)年 1 月28日	横地氏と竹内氏が来たり、両生のもとめに応じ、来月 4 日に『論語』の講義を約束す
2 月 4 日	生庵、『論語』を竹内氏に講ず
2 月 6 日	『論語』を講ず
2 月 8 日	横地氏来たる
2 月11日	朝講
2 月12日	横地氏、竹内氏ら来たる
2 月13日	「学而篇」を講じおわる
2 月15日	朝講
2 月17日	横地氏、竹内氏来たる
2 月19日	講
2 月20日	横地氏、竹内氏来たる
2 月21日	「為政篇」を講じおわる
2 月22日	横地氏、竹内氏来たる
2 月27日	講
2 月29日	竹内氏、母の病によって講ぜず
閏 2 月12日	講
閏 2 月14日	講
閏 2 月17日	「八佾篇」を講じおわる
閏 2 月19日	講
閏 2 月21日	「里仁篇」を講じおわる
閏 2 月24日	講
閏 2 月26日	講、生庵、浜田氏が『徒然』を講ずるを聞く
閏 2 月29日	講
3 月 2 日	「公冶長篇」を講じおわる
3 月 5 日	講
3 月 7 日	講
3 月10日	「雍也篇」を講じおわる
3 月13日	講
3 月15日	講

3月17日	今日講ず
3月21日	岩田兄来たり、『孫子』を講ずべきを約す
3月24日	岩田氏兄弟・丹羽氏戸左衛門に『孫子』を講じはじめる
3月26日	「作戦篇」を講ず
3月29日	「謀攻篇」を講ず
4月2日	「軍形兵勢」を講ず(生庵父病気)
4月23日	「虚実篇」を講ず
4月25日	「軍争九変」を講ず
4月28日	「行軍篇」を講ず
4月29日	「地形篇」を講ず
5月朔日	「九地地運」を講ず
5月2日	『孫子』を講じおわる、生庵、祇園順菴が『素問』を馬苦労町に講ずるを聞く
5月7日	『論語』を竹内氏に講ず
5月11日	『述而篇』を講じおわる
5月13日	講
5月16日	「泰伯篇」を講じおわる
5月22日	講
5月23日	生庵、芦田門之丞が『論語』を新町酒井受伯の家で講ずるを聞く
5月24日	講
5月26日	「子罕篇」を講じおわる
5月28日	講
6月朔日	「郷党篇」を講じおわる
6月3日	生庵、李一陽先生潤色の本、『論語首書』を松原氏に借り、筆写す
6月4日	講
6月6日	講
6月8日	「先進篇」を講じおわる
6月10日	講
6月12日	講
6月14日	講
6月16日	「顔淵篇」を講じおわる
6月18日	講
6月20日	講
6月24日	「子路篇」を講じおわる(兄の娘つる発熱後死去、2歳)
9月15日	宗仙、亀之助、紀岡久太郎と紀三井山に遊び弱浦を経て帰る
9月20日	生庵、鈴木氏の教喩による父の奔走が実り、三浦為時の中小姓となる

9月23日	生庵、三浦為時・為隆父子に拝謁し、諸方に謝す
9月24日	生庵、殿閣に侍る(これより殿中に侍るに白圏を以てす、と記す)
10月7日	月俸を拝す、毎月3斗
10月23日	主君より、宿衛を止めて勤学すべきの命あり
11月1日	松田見与医人の家に行き『論語』を講ず
11月15日	松田氏に『論語』を講ず
12月1日	生庵、主君為時の前で『論語』「学而篇」を読む
12月4日	主君為時の前で「為政篇」を講ず
12月6日	「八佾篇」を講ず
12月8日	「里仁篇」を講ず
12月9日	「公冶長篇」を講ず
12月10日	「雍也篇」を講ず
12月11日	生庵、為時の嫡子為隆に『大学』を教授すべき命をうける。「述而篇」を講ず
12月13日	「泰伯篇」を講ず
12月15日	「子罕篇」を講ず
12月16日	「郷党篇」を講ず、生庵に祝髪の命あり
12月17日	「先進篇」を講ず
12月18日	「顔淵篇」を講ず、主君為時より生庵の号を賜わる
12月19日	「子路篇」を講ず
12月21日	「憲問篇」を講ず
12月22日	「衛霊公篇」を講ず
12月23日	生庵髪をそる、「微子篇」を講ず、「陽貨篇」を講ず、時服を賜い老中に謝す
12月24日	「微子篇」を講ず
12月25日	「子張篇」および「尭曰篇」を講ず、以上『論語』講19席終わる、但、註を講ぜず
12月26日	主君為時の前で『大学』を講ず
12月28日	『大学』を講じおわる
寛文8(1668)年1月5日	主君為時の前で「孟子序」、「梁恵王上」を講ず
1月7日	「梁恵王下」を講ず
1月8日	「公孫丑上」を講ず
1月9日	「公孫丑下」を講ず
1月11日	『三浦氏系譜』の草成り、為時の前で読む、なお吟味すべきの命あり
1月16日	「滕文公上」を講ず
1月17日	「滕文公下」を講ず
1月18日	「離婁上」を講ず
1月19日	「離婁下」を講ず

1月20日	「万章上」を講ず
1月21日	「万章下」を講ず
1月24日	「告子上」を講ず
1月25日	「告子下」を講ず
1月26日	「尽心上」を講ず
1月27日	「尽心下」を講ず、以上『孟子』14席を講じおわる
1月28日	『中庸』を講ず、前年12月1日よりこの日まで、四書の講おわる、以上38席
1月29日	『孫子』上を講ず
2月4日	『孫子』中を講ず
2月12日	『孫子』下を講ず
2月13日	『三略』上を講ず
2月19日	『三略』中下を講ず
2月20日	『長恨歌』を講ず
2月21日	『呉子』上を講ず
3月5日	主君為時江戸へ出発
5月28日	生庵、『大学』を三浦八十郎公(為時弟為清の子)に授く
6月1日	三浦公に侍る
6月2日	三浦公に侍る
6月4日	三浦公に侍る
6月7日	三浦公に侍る
6月8日	三浦公に侍る、生庵に江戸出立の命あり
6月12日	三浦公に侍る
6月16日	生庵江戸へ出立(27日に江戸着)
6月29日	『大学』を主君為時に講ず
6月晦日	侍講
7月15日	日々侍講
7月20日	『大学』を侍講す
8月19日	主命により三浦喜兵衛公(為時弟の為兼)の病を問う(8月24、27日、9月2、3、5、6、10、11日)
9月14日	三浦喜兵衛、病重きため紀州に帰る、松田見与供奉す、『元亨釈書』を講ず、これに先だち4・5席読む(9月21、24、28日、10月5、6、7、8日)
10月9日	『大学』を講ず
10月10日	『大学』を講じおわる
10月11日	『論語』「学而篇」を講ず
10月12日	「為政篇」を講ず
11月1日	『釈書』を講ず(9、10日)
寛文9(1669)年1月3日	侍講

1月16日	『大学』を講ず
1月19日	『釈書』を講ず
1月20日	『釈書』を講ず(以下略)
4月1日	生庵江戸出立、14日紀州着
4月25日	三浦八十郎公に『大学』を授く
4月26日	三浦公に侍る(4月28、29、30日、5月2、6、7、12、15日、6月2、6、19、20、24、25日、7月9、11、13、19、24、26、29、晦日、8月3、10日以下略)
5月16日	『大学』を為時の嫡子為隆に授く
5月29日	主命により、昨日より四書を為隆に授く
7月29日	『六韜』を講ず
8月9日	『六韜』を講ず
8月10日	生庵、梅田見周が新町にて『孟子』を講ずるを聴く
8月19日	『三浦氏系図』の稿成り、為時の御覧に備える
8月23日	『孫子』を講ず
9月14日	生庵江戸へ出立
寛文10(1670)年4月4日	少人数にて『学経』を教授す(以下は主要な記事のみ摘記)
4月27日	大井氏、息友三と来宅し『大学』の聴講を請う、故に講ず(4月30、5月2、4、12、20日、6月2日)
延宝元(1673)年9月22日	田中氏のために『大学』を講ず(9月26、29日、10月9、17、18、23日)
延宝2(1674)年4月4日	習庵のために『中庸』を講ず(4月6、10、12、13、16、17、23、25、27日)
6月30日	習庵のために『詩経』を講ず(7月3、4、6、8、10、11、19、20、24、27、28日、7月1、8、19、20、22、23、24日)
12月5日	習庵を招いて『職原抄』を校合す
延宝3(1675)年4月16日	『詩学大成』を習庵にかえす
延宝6(1678)年7月26日	長谷川氏のために『大学』を講ず
貞享2(1685)年9月21日	石井門平のために『論語』を講ず
貞享3(1686)年閏3月2日	前年晩秋より石井氏のために『論語』を講じ、この日おわる
閏3月3日	門平のために『大学』を講ず
4月3日	門平のために『大学』を講じおわる
5月4日	門平と禅林寺の講義を聴く
元禄3(1690)年4月18日	伊藤氏のために『大成』を講じおわる、前々日より『格致』を講ず
10月20日	定六のために『大学』を講ず
11月22日	前日、定六のために『大学』を講ず

元禄4(1691)年7月29日	為隆に『論語』を侍講す(8月3、4、7、11、16、19、20、25、27日、閏8月2日、9月4日)
元禄5(1692)年8月10日	前日、笹一のために『徒然』上を講じおわる
11月22日	笹一のために『徒然』を講じおわる
元禄8(1695)年1月20日	石原氏の子、生庵の仲介で吉村兵八の門弟となる、生庵の子充之助も吉村氏の門生となる
6月7日	永原金平に『三体詩』を授く
元禄9(1696)年3月14日	鵜飼周軒に『大学』を授く
6月27日	永原氏のために『中庸』を講じおわる、これに先だち『大学』を講ず
7月2日	永原氏のために『論語』を講ず
10月3日	主君為隆に『書経』を教授奉る(10月4、5、12、15、18、20、27日、11月3、4、8、20、24日、12月1日)
10月11日	勘五郎に『文選』を授く
元禄10(1697)年1月27日	松田氏に『文選』を教授おわる
閏2月7日	生庵、『学論』のうち御講に便ある章を抄出すべき命をうけ、「弟子入則孝」の章を抄出す
閏2月8日	生庵、「君子食無求飽」章と「父母唯其疾之憂」章の2章を抄出す
3月18日	去冬より嶋本氏のために『文選』を教授し、この日おわる
4月13日	家脈のため『文選』を授けおわる
4月17日	『文選』の朱点おわる
4月23日	野口氏に『文選』の1より6までを教授す

注：『家乗』により作成。

表4　微罪での処罰年表

年　月　日	事　　項
寛文2(1662)年7月13日	鈴木氏罪を負って屛居、生庵父孫左衛門これに連座して閉居
7月27日	鈴木氏、孫左衛門、昨夜出仕を許さる
寛文7(1667)年1月25日	鈴木氏、去上旬罪を負って屛居、今夕従仕を許さる
11月28日	矢部七太夫、小藪兵助ら12名、罪ありて禄を賜わらず、七太夫は屛居
11月30日	矢部・小藪の他は皆禄米を賜わる
寛文8(1668)年2月14日	七太夫出仕を許さる
4月25日	石原木太夫、手ずから家僕を斬って屛居
4月28日	多賀氏、使の事を誤って屛居
5月1日	多賀長兵衛、石原木太夫従仕を許さる
寛文9(1669)年4月20日	矢部七太夫罪を負って屛居
5月2日	矢部伊左衛門、七太夫の罪に連座して屛居
5月29日	松田仁右衛門、佐谷平四郎、嶋村彦太夫罪を負って19日より屛居、秋田善之丞は上旬より屛居、皆出でず
6月2日	矢部、佐谷、平田、秋田、嶋村は従仕を許さる
6月25日	矢部、松田も従仕を許さる
7月24日	兄市左衛門、罪を負って屛居
7月28日	市左衛門出仕す
11月23日	生庵、主君の怒りにあって出でず
12月4日	生庵、夜『小田原記』を侍読す、しかし温言を賜わらず
12月15日	生庵、夜出仕を許さる
寛文10(1670)年6月25日	生庵、8日より少し主君の命に違い温言を得ず、前夜許さる
7月29日	土肥門左衛門ら2名、去る4月罪を負って屛居、但し、古へは禁獄せらると聞く
8月16日	生庵、罪を負って侍らず
10月25日	生庵、罪を負って侍らず、日夜勤仕の命あり、午前8時頃出勤し、午後10時頃帰宅す
11月8日	生庵、夕方、側に侍るを許さる
寛文11(1671)年3月25日	生庵、前日より嶋村彦左衛門の疾病によって罪を負い側に侍らず
8月12日	生庵、出仕の遅きによって側に侍るを許されず
寛文12(1672)年1月22日	生庵、朝汗少し多く、気力前日と同じ、足この頃浮腫。罪を負って側に侍らず
2月12日	生田市之丞追放さる。是より先正月22日未明、報恩寺に到り、法筵の式目に背きて罪せられ越境す、兄伊兵衛尉閉戸せらる

5月9日	李先生、「長保寺御寄附状」に誤りて脱字を書す、そのため自ら官に罪を請い、6日に屏居
5月28日	李先生今日赦に遇う、故に、生庵が主君の命を奉って訪問す
寛文13(1673)年2月2日	佐谷勘兵衛、去る冬罪を負って屏居、この日出仕を許さる
3月19日	生庵、前夜より罪を負って出でず
延宝元(1673)年12月14日	生庵、罪を負って側に侍らず
12月19日	生庵、この日側に侍るを許さる
延宝3(1675)年2月22日	鳥井五衛門、罪を負って屏居
3月9日	去る5日、中橋警衛の士が非人を郭中に入れる、中橋同心は三浦為時の麾下のため、為時が罰金刑を課す、番士5名で青銅1貫500文
3月22日	父孫左衛門、主君の命を用いず恣に落髪して罪せらる、そのため、弥衛門らの饗応にもかかわらず、側に侍るを許されず空しく帰る
3月23日	生庵、市左衛門兄弟が督責され、孫左衛門には月俸を与えずとの主命があった
3月25日	土肥氏の指揮で、養珠寺の饗応があったが、生庵は空しく帰る
3月晦日	主君為時が垣屋氏らを饗応したが、生庵は出でず
4月2日	為時が吹上屋敷に入御も、生庵は出でず
4月6日	大崎氏らを招請されるが、生庵は出でず
4月9日	大智寺らを饗応されるが、生庵は出でず
4月12日	田中氏一家を招請されるが、生庵は出でず
4月13日	生庵出でず
4月22日	いまだ側に侍るを許されず
閏4月1日	主君為時、本殿に還御、生庵出仕す
4月4日	主君為時が本殿に渡御し、了法寺の新住のため、雲蓋院らが来臨し非時を設けるも、生庵は出でず
4月6日	生庵出でず
4月18日	饗応あるも、生庵は側に侍らず
5月15日	主君、垣屋氏らを饗応、生庵は本殿の留主をつとめ、午前8時頃出仕し午後10時頃帰宅
5月18日	宇治屋敷にて饗応あるも、生庵は出るを許されず
5月19日	饗応あるも生庵は出でず
5月28日	為時本殿に渡御、生庵宿衛す
6月11日	生庵、宇治屋敷の留守をつとむ
6月14日	饗応あるも生庵は出でず
7月16日	主君の側に侍り、夜『演史』を侍読す

8月22日	父孫左衛門、宇治屋敷にて主君為時に謁す、夜、幽軒の名を賜う
延宝4(1676)年8月12日	罪ありて出でず
8月25日	温言をうく
延宝5(1677)年7月22日	去る14日、鳥場権兵衛が妻子を主家の船に載せたことが発覚し、出仕を停めらる
8月4日	鳥場権兵衛出仕を許さる
9月16日	前夜、鈴木氏の子の魚食初めに生庵一家招かれ、生庵出仕せず、そのため、前夜出仕せざる故をもって罪せらる
9月18日	生庵、側に侍るを許さる
延宝6(1678)年11月17日	生庵、側に侍るを許されず
延宝7(1679)年7月20日	按濃小兵衛、去る6月に主君令弟の守り役を命じられ、槍術の学習を病に托して辞し、今剣術を学習すること発覚して、主君の悪みをうけて蟄居せしめらる
11月12日	前日、按濃小兵衛赦にあう
延宝8(1680)年11月14日	茂呂氏の僕、門札を失い、事露見し、青銅200を出して罪を贖う
貞享元(1684)年2月27日	根来氏、罪を負いて屛居
5月11日	近藤氏瘧を患い、主君の命により、生庵が宿す
5月12日	罪を負って側に侍るを許されず、近藤氏の病によってなり
5月20日	生庵、側に侍るを許さる
8月6日	故あって、生庵出仕を許されず
8月15日	生庵、側に侍るを許さる
10月4日	生庵、酒にあたって出仕せず
貞享4(1687)年6月18日	喜多七太夫父子、江戸にて赦にあう、七太夫御廊下番となり改名す
元禄3(1690)年12月7日	三浦為隆風邪気、立閒御薬を進上
12月8日	立閒、罪を負って閉居、生庵が御薬を進上
元禄4(1691)年4月26日	原田茂太夫追放さる、平生酒を飲み行跡宜しからざる故なり
4月晦日	生庵、罪を負って出でず。去る27日より、沢井氏罪を負って出でず、原田茂太夫酔狂によってなり
5月朔日	生庵赦を賜う
7月15日	去る8日、坂部氏罪を負って逼塞、上野氏拝謁を許されず、頃日赦を賜う、淡輪氏遠慮、その理由を知る人なし、17日に赦を賜う
元禄5(1692)年11月11日	生田斧右衛門、去る14日より閉居、この日出仕を許さる
元禄6(1693)年4月24日	生田伊兵衛、燕巣を覆って閉居中、この日赦さる
元禄8(1695)年8月13日	中村林悦、官禄を放たる、常々勤仕宜しからざるためなり

元禄９(1696)年２月11日	去る８日、松原太兵衛、宇治屋敷にて失火のため閉居、この日許さる
７月９日	江戸にて、近習の小出氏、罪を負って歩卒となる
元禄10(1697)年７月10日	久しく屏居中の鏡氏、赦を賜って出仕、生庵その理由を知らず

注：『家乗』により作成。

表5　太郎吉成長年譜

年　月　日	事　　項
延宝2(1674)年9月27日	太郎吉の誕生
10月4日	生子一臈
10月9日	太郎吉垂髪
10月12日	妻・太郎吉帰る
10月29日	太郎吉、はじめて比叡山山王権現を拝す
11月2日	太郎吉、はじめて久成寺(石橋家菩提寺)番神堂を拝す
11月15日	太郎吉初祭のため山王を拝す
12月7日	太郎吉、去る4日より大便不通、朝用薬し快通
延宝3(1675)年1月19日	太郎吉喰初
3月4日	太郎吉、はじめて阿者々緒須留(アワワヲスル)
4月9日	太郎吉、前々日より仰むけに臥し、独りで首をもちあげる
4月28日	太郎吉、歯が見えはじめる
5月19日	太郎吉の乳母、乳の出少なく代わる、大便青きため伊藤氏の丸薬を用いる、はじめて少し匍匐す
5月24日	太郎吉の便青きため黄丸を用い験あり
9月15日	太郎吉、前夜より10回あまり乳を吐く
9月16日	太郎吉の吐きけ治る
9月27日	太郎吉誕節
11月19日	去る14日より、太郎吉はじめて独りで起き、15日にはじめて歩く
延宝4(1676)年6月9日	太郎吉風邪、セキ、発熱、下痢、春宗の薬を用いる
6月21日	太郎吉の便青し、朝春宗の薬を用いる
9月27日	太郎吉誕節
11月8日	太郎吉の吐きけやむ
延宝5(1677)年3月11日	太郎吉発熱、頭痛、夜吐き用薬
7月15日	夕方、太郎吉をともない久成寺にいき点灯
8月15日	昨日、太郎吉はじめて月代す
延宝6(1678)年1月7日	太郎吉、はじめて袴を着る
延宝8(1680)年2月8日	太郎吉をつれ久成寺を拝し、帰路広瀬多門院薬師堂を観る
12月11日	太郎吉に手本・紙縄を遣わす
延宝9(1681)年2月2日	去る13日、太郎吉はじめて書を学ぶ
2月15日	便船にて紙縄を故郷に送る
6月19日	太郎吉に帯を、庄次郎に木副刀を贈る
貞享元(1684)年2月28日	二子をつれ、今福村に行て山王神を拝す
3月26日	日庸頭宗右衛門にたくし、妻・太郎吉らに書を送る

5月2日	太郎吉らの書来たる
5月4日	故郷への手紙とともに、太郎吉に手本2冊を送る
6月7日	太郎吉らの書来たる
6月17日	太郎吉らへ返書
8月5日	飛脚に托し、故郷へ下帯・絵を贈る
貞享2(1685)年1月20日	太郎吉らの書来たる
1月24日	太郎吉らへ書を送り、白銀を小女に贈る
2月17日	太郎吉らへの書と筆三本を送る
4月1日	太郎吉らの書来たる
6月29日	清三郎・太郎吉をつれ住吉を拝す
8月2日	太郎吉、前栽にて土を掘り金一分を得る
11月15日	太郎吉らをつれ山王神を拝す
貞享3(1686)年1月16日	市左衛門・生庵、太郎吉、主君より武具の餅を賜い、夜武具の餅を拝す
4月17日	祭礼あり、主命により松田氏らと和歌浦に行く、男辰真(太郎吉)を伴なう
4月20日	辰真『論語』を読みおわる
4月21日	辰真、はじめて『中庸』を読む
9月2日	兄市左衛門らと辰真をつれ文弥出羽浄瑠璃を観る
12月8日	太郎吉発熱のため用薬
12月9日	太郎吉、晩、紅点みえる、痘瘡の疑いありて出さず
12月10日	太郎吉の熱下がり、痘少なし、余症無く用薬せず、喜ぶべし(冬10月、この冬国中痘瘡はやる)
12月11日	太郎吉出斎
12月13日	太郎吉、昨日より脹れが起こり、この日貫膿
12月15日	太郎吉の貫膿おさまる
12月18日	太郎吉収靨す
12月21日	太郎吉酒湯を浴びる
	(以下、天無、充之助にうつる、三浦氏娘千死去〈12歳〉、三浦氏家臣の子弟5名死去、中小姓以上の子弟14名が罹病す)
貞享4(1687)年4月23日	太郎吉らの書来たる
11月1日	太郎吉、『小学』のため宇佐美徳之進の弟子となる
貞享5(1688)年3月20日	太郎吉、虎之助とともにぬけ参に出る、吉左衛門に路費を托して、下僕市兵衛と後をおわす、岩手茶屋にて追いつく、吉左衛門は道中を教え帰宅し、市兵衛が随行す
3月24日	太郎吉の両宮巡礼の日にあたるため、吉兵衛らを招き酒を勧める
3月27日	原安太夫の妻が、去る23日に太郎吉に出会ったという
3月28日	太郎吉帰宅す

4月2日	太郎吉粟嶋神を拝す
5月13日	太郎吉らをつれ、柳堤にて正木氏に拝賀す
6月6日	二子をつれ南郊を逍遥す
6月10日	原田氏、太郎吉をつれ安楽川に帰る
8月27日	兄市左衛門の屋敷での饗応に太郎吉をともなう
元禄2(1689)年5月24日	新之丞(太郎吉)額容を改める
8月28日	生庵病中のため、新之丞が久成寺に代参
元禄4(1691)年1月20日	兄市左衛門、近藤氏に新之丞の従仕を頼む
2月14日	新之丞前髪を落とす
2月15日	頑子(新之丞)はじめて三浦為隆に拝閲す、後、新之丞をつれ諸友のもとに御礼まわりをする
4月5日	辰真、主君より宿衛の命あり
11月14日	主君、多田妙台寺に参詣、辰真供奉す
元禄5(1692)年1月1日	生庵と辰真が家臣拝礼の序を拝す
10月8日	三浦為隆、朝日祭奠のため、新之丞名代をつとめる(江戸にて)
10月18日	生庵・新之丞ら不言老人のもとにいく
元禄6(1693)年2月17日	新之丞昨日より風邪、用薬す
2月28日	新之丞回復し出勤
元禄8(1695)年5月9日	兄市左衛門、新之丞の年俸の賀に来たる
8月3日	来春江戸供奉の定あり、新之丞供奉す、生庵は9月出発
9月25日	新之丞このころはれものを患うも、今日出勤
10月28日	辰真、根来寺不動に代参す
12月5日	辰真、加秩米583匁5分を受納す
12月9日	辰真加秩を賀し、兄市左衛門を饗応す
元禄9(1696)年2月18日	辰真を饗す
3月1日	新之丞、参勤の供で江戸へ出立
3月12日	辰真から5日付の書来たる
3月27日	辰真から15日付、20日付の書来たる
4月5日	辰真から前月22日付の書来たる
4月8日	辰真の前月25日付の書来たる
4月10日	生庵、辰真へ返書
4月13日	辰真から4日付の書来たる
4月16日	辰真から前月15日付、21日付の書来たる
4月17日	辰真から8日付の書たる
4月27日	辰真から15日付の書来たる
4月30日	辰真から19日付、21日付、22日付の書来たる
5月4日	生庵、辰真へ返書
5月10日	辰真から2日付の書来たる

5月19日	辰真から1日付の書来たる
5月22日	辰真から15日付の書来たる
5月23日	生庵、辰真へ返書
5月28日	辰真から20日付の書来たる
6月4日	生庵、辰真へ返書
6月5日	辰真から25日付の書来たる
6月8日	辰真から29日付の書来たる
6月10日	辰真から24日付の書来たる
6月12日	生庵、辰真へ返書
6月18日	辰真から10日付の書来たる
6月21日	辰真から9日付の書来たる
6月24日	生庵、辰真へ返書
6月25日	辰真から15日付の書来たる
6月29日	辰真から20日付の書来たる
7月1日	辰真から21日付の書(町飛脚)来たる、辰真へ返書
7月2日	新之丞が生身霊祝儀を献ず、辰真から25日付の書来たる
7月5日	生庵、辰真へ返書
7月10日	生庵、辰真へ返書
7月13日	辰真から5日付の書来たる、辰真から前月28日付の書(町飛脚)来たる
7月20日	辰真から5日付の書来たる
7月24日	辰真から15日付の書来たる、辰真へ返書
8月2日	辰真から18日付の書来たる
8月3日	辰真から25日付の書来たる
8月5日	生庵、辰真へ返書
8月8日	辰真から晦日付の書来たる
8月14日	辰真から5日付の書来たる、辰真から28日付の書(町飛脚)来たる
8月18日	辰真から10日付の書来たる、辰真から8日付の書(町飛脚)来たる
8月23日	辰真から15日付の書来たる、9月1日、生庵江戸へ出立
元禄10(1697)年8月16日	新之丞、主君為隆に従い貴志へ供奉
10月10日	辰真、主君為隆に従い浜中へ供奉
11月24日	辰真の年俸の賀を為す
12月17日	辰真から10日付の書来たる

注：『家乗』により作成。

表6　加賀藩家臣勤務定

年　月　日	事　　項
寛永7(1630)年7月	金沢城内での家臣供人数を定める
12月21日	家臣の衣服・家屋饗宴等に関して定める
寛永8(1631)年12月4日	金沢城下での火災消防にあたる家臣の組を定める
寛永12(1635)年2月9日	侍屋敷・町中での火災に関して定める
寛永13(1636)年11月13日	作事奉行の勤務心得を定める(9条)
寛永14(1637)年2月26日	小姓衆や供衆の勤務交替時の給与支給に関して定める
3月24日	郡奉行の勤務心得を定める(9条)
3月25日	金沢町奉行の勤務心得を定める(23条)
閏3月3日	算用場での勤務心得を定める(11条)
閏3月14日	金沢城夜廻の当番と火災時の対応を定める
閏3月	金沢城内奥向での算用方に関して定める
寛永15(1638)年4月6日	普請奉行の勤務心得を定める(15条)
寛永16(1639)年2月20日	武家奉公人(小者・草履取)の風俗に関して定める
3月22日	宮腰町奉行の勤務心得を定める
5月1日	家臣の風俗に関して定める
6月6日	金沢城付近の火災に関して担当部署を定める
6月8日	金沢城下の火災時、馬廻組の勤務方を定める
(この年)	組頭の勤務心得を定める(6条)
寛永17(1640)年9月10日	武家奉公人(若党・小者・草履取)の給銀や扱いを定める
寛永18(1641)年2月7日	武家奉公人の給銀に関して定める
2月21日	武家奉公人の雇傭に関して定める
3月24日	武家奉公人の雇傭に関して定める
寛永20(1643)年10月18日	光高参勤前、金沢城番の勤務心得を定める
寛永21(1644)年8月6日	目安場横目の勤務心得を定める(7条)
正保3(1646)年12月25日	武家奉公人の衣服に関して定める
承応元(1652)年9月25日	利常、寺社奉行の勤務心得を定める(11条)
承応3(1654)年11月27日	家臣子弟の行状を訓戒す
明暦3(1657)年2月11日	家臣の屋敷拝領に関して定める
3月22日	利常参勤前、留守中の勤務心得を定める
3月27日	組頭の勤務心得を定める(6条)
10月22日	千石以下の家臣は乗物停止と定める
万治元(1658)年10月27日	綱紀、仕置は利常在世のごとく老臣合議と定める
11月2日	家臣の跡目相続に関して定める
11月29日	小姓・馬廻組頭の寄合日を定める
12月1日	江戸での賄方に関して定める
	金沢城下での防火・夜廻などに関して定める
閏12月8日	家臣の作法に関して定める

(この年)	はじめて用人の職をおく
万治2(1659)年1月1日	家臣の振舞に関して定める
	家中侍・下々町人・百姓の衣服に関して定める
	捕鳥・婚姻道具・住居などに関して定める
	江戸藩邸番人などの勤務心得を定める
1月4日	家臣屋敷内での鉄砲打に関して定める
2月6日	家臣の作法に関して定める
万治2(1659)年3月3日	家臣の跡目相続に関して定める
5月5日	家臣の小者成敗に関して定める
6月1日	武家奉公人の雇傭に関して定める
	与力の知行に関して定める
	金沢町奉行の勤務心得を定める(22条)
	郡奉行の勤務心得を定める(11条)
	寺社奉行の勤務心得を定める(8条)
	作事奉行の勤務心得を定める(14条)
	会所での勤務心得を定める
	算用場での勤務心得を定める(19条)
	算用場での検地心得を定める
7月1日	家臣の婚姻に関して定める
7月9日	屋敷普請の華美を禁じる
10月16日	家臣の出銀に関して定める
11月14日	藩内他所での宿泊は届出制となる
11月25日	家臣の屋敷拝領に関して定める
(この年)	定番馬廻組をはじめて定める
万治3(1660)年1月25日	家臣の屋敷拝領に関して定める
4月22日	家臣の下屋敷拝領に関して定める
6月1日	普請奉行の勤務心得を定める(45条)
6月10日	普請奉行・割場奉行の勤務心得を定める(11条)
6月16日	武家奉公人に関して定める
7月13日	公事場での勤務心得を定める(28条)
8月29日	藩主以下家臣の武具に関して定める
12月11日	家臣・町人・百姓の衣服に関して定める
12月23日	家臣の衣服に関して定める
万治4(1661)年1月10日	火消役をはじめておく
1月25日	武家奉公人の給銀を定める
寛文元(1661)年5月15日	改作奉行の勤務心得を定める(3条)
7月6日	月番老臣の勤務心得を定める(3条)
7月9日	金沢城内での武家奉公人使役に関して定める
7月19日	金沢城内奥方出入に関して定める

	月番老臣の勤務心得を定める(5条)
8月17日	老臣の勤務心得を定める(17条)
10月8日	藩主留守中の城中勤務に関して定める
寛文2(1662)年12月1日	70歳以上の勤番赦免に関して定める
寛文3(1663)年2月25日	金沢城内で召使う武家奉公人の数などを定める
	金沢城内の宿直に関して定める(4条)
4月21日	家臣の道中供奉に関して定める
	江戸藩邸での出入に関して定める
11月12日	家臣の屋敷普請無用を通達する
12月12日	家臣の饗宴に関して定める
寛文4(1664)年閏5月1日	家臣の檀那寺届出を定める
7月19日	家臣子弟の他国派遣手続に関して定める
7月22日	寺社方破損修理定奉行の勤務心得を定める(5条)
7月	代官の勤務心得を定める(13条)
10月6日	家臣の出銀に関して定める(13条)
寛文5(1665)年3月10日	喧嘩口論での対応に関して定める(5条)
3月24日	小姓頭の勤務心得を定める(11条)
寛文6(1666)年8月15日	家臣外出時の供奉従者数を定める
9月17日	家臣の湯治・転地療養に関して定める(3条)
9月28日	家臣の家族等病気の節看護に関して定める(3条)
(この年)	御書物書写役をはじめておく
10月6日	検地奉行の検地手続を定める
寛文8(1668)年2月	家臣の屋敷拝領に関して定める
	番衆の勤務心得を定める(7条)
3月1日	在江戸家臣の衣服に関して定める
7月6日	家臣の衣服に関する制限を定める
	家臣の振舞に関する制限を定める
寛文10(1670)年6月4日	老臣・組頭の勤務心得を定める(11条)
7月28日	掃除坊主頭・御小人小頭の屋敷拝領に関して定める
寛文11(1671)年3月15日	養子の手続・資格に関して定める
寛文12(1672)年7月	家臣の京都での宿請に関して定める
9月14日	検地奉行の検地心得を定める
寛文13(1673)年2月28日	70歳以上の勤番免除と、40歳以上の子弟の代番を定める
延宝2(1674)年5月27日	70歳以上の子は、20歳以上で代番を認める
11月15日	組頭の勤務心得を定める(9条)
12月25日	綱紀、老臣らへ意見上申を求む
12月26日	組頭に示した条項に関し、その心得を馬廻頭に諭す(14条)
延宝3(1675)年2月25日	城中泊番に関して定める(4条)

延宝5(1677)年3月20日	新番御徒など新規召出の節御礼に関して定める
8月19日	新番徒頭、大組足軽頭、先手足軽頭の役料を定める
閏12月22日	断絶家臣遺族へ扶持を与えることを定める
延宝6(1678)年9月16日	家臣婚姻時の礼物額を定める
9月27日	家臣の由緒書に縁類の義絶記載を定める
延宝7(1679)年5月13日	近習の上申は口上でなく書付と定める
延宝8(1680)年5月20日	使者の勤務心得を定める
8月14日	組頭などの殿中での声高な相談をやめさせる
9月25日	老臣の勤務心得を定める(11条)
9月26日	江戸からの書状を主君に提出する時刻に関して定める
11月17日	他国の使者や飛脚の扱いに関して定める
11月24日	火災時の足軽などの勤務心得を定める
12月28日	家臣の屋敷拝領に関して定める
貞享2(1685)年5月16日	江戸屋敷で家臣の長屋割を定める
貞享3(1686)年6月5日	道中笠の着用に関して定める
7月17日	死去人の遺書に関する形式を定める
11月13日	老臣の職名を定める
11月29日	跡目相続時の衣服に関して定める
貞享4(1687)年3月15日	物頭以上と番頭以下の辞令に差をつける
3月19日	新たに細工奉行と坊主頭を定める
3月29日	綱紀、近習の伺書に答える
元禄4(1691)年3月17日	定番頭・御番頭の勤務心得を定める(6条)
元禄11(1698)年6月25日	取次・近習の勤務心得を定める(18条)

注:『加賀藩史料』により作成。

あとがき

私は学生時代から、〝人がある時代のなかで精一杯生きるとはどういうことなのか〟、これを一つの主要なテーマとして研究を進めてきた。

しかし、このテーマは、頭のなかで抽象的・観念的には考えられても、なかなか具体的な研究として進めることは難しかった。とくに歴史的に考えていこうとすると、史料の壁につき当たらねばならなかった。そうした条件のなかで、近世の武士にかんしては、史料が比較的豊富なことから、とりあえず、武士を素材に右のテーマに迫ってみようとして生まれたのが本書である。

基本的には右のような関心からはじめたため、武士を扱ってはいても、武士道とか士道をテーマにしたこれまでの武士にかんする書物とは、かなり趣を異にしている。ただ、私も一応研究者の端くれなので、近世の社会構造やその変化とかかわらせながら、武士の実像をある程度は提示しえたと思う。本書によって、これまで通説的にイメージされてきた武士像が、いかに歪められたものかは、わかっていただけたかと思う。

ところで、本書のタイトル『江戸武士の日常生活』から読者のうけるイメージはどんなものであろうか。江戸時代の武士たちの日常生活を詳細につづった書物と思われた方が多いかと思う。

しかし、本書がそうした一面をもっていることは事実だが、本書のねらいは、当然ながら、瑣末《さまつ》な日常生活を描くことにあるわけではない。そうではなくて、近世の武士たちは何を考え、どう行動したのか、そうした問題を考えることにある。つまり、武士の思想なり行動なりを理解しようとすれば、まず武士の思想や行動の原点になっている、彼らの日常生活を正しく理解することが大切で、そうした考察をふまえてはじめて、近世武士の思想や行動の意味がわかってくると考えたのである。

ちなみに、「日常生活」という言葉は、「日常性への埋没」という使い方からわかるように、一般的にいってマイナスイメージで使われることが多い。ましてや、思想や行動がすぐれたものであればあるほど、日常性を断ち切った地平に立ちあらわれてくることもおそらく事実だろう。

だが逆に、思想や行動をまったく日常性から切り離して、それ自体として考察したとき、その本当の意義がわかるかといえば、おそらく否であろう。つまり、どんなにすばらしい思想や行動であっても、その本当の意義を理解しようとすれば、まず日常性と切り結んだ地点にまで立ち戻って、その意味を考えることが大切なのである。

本書が、あえて日常生活という言葉をタイトルに採用したのは、武士の思想や行動を、これまでの通説的な理解から自由になって、新たな気持で再構成していくこと、いわば基本に立ち返って考えていこうという意志を表現している。つまり、趣味的に瑣末な問題を取りあげるのではなく、日常生活という言葉にもっと積極的な意味をもたせようとしたつもりなのである。本書がそうした意図をじゅうぶん反映させているかどうかは心もとないかぎりだが、本書の意図はわかっていただけたかと思う。

なお、本書は、一九九一年に中央公論社から出版された『日本の近世』3に掲載された二つの拙稿、「武士の日常生活」と「武士の精神とはなにか」をもとにし、それに大幅な加筆・修正を加えたものである。

この二つの拙稿が出版されて数年後、たしか一九九四年ごろに、講談社の鷲尾賢也さんが来られ、今度講談社から選書メチエを発刊するので、それに書いてくださいと依頼された。その時は、あまり考えもせず引受けたのだが、結局、雑用などに追われて書けないまま今日に至ってしまった。この間、宿題をかかえたまま何となく気の重い生活がつづいた。これで宿題から解放され、いまはホッとしている。

最後になったが、千葉県東金市にある本漸寺の御住職坪井信龍氏には、石橋生庵のルーツをさぐるうえで大変御世話になった。また、講談社の所澤淳さんには、最終段階でいろいろ御智恵を拝借することになった。御二方に感謝の意を記しておきたい。

二〇〇〇年九月

著　者

補論　二条城在番衆の出張死

はじめに

私は若い頃、近世の代官が地方に赴任する出立前、遺言書を作成している史料に出会った。その時はそれほど不思議に思わず、ほとんど忘れていた。しかしここ数年、二条城の史料調査に関わるなかで、赴任してきた大番士が、在番中に死去する事例が意外に多いことを知った。若い頃の記憶が、そんな体験のなかでよみがえってきた。

現在の私たちにとって出張は、国内・海外を問わず、死とはあまり関係のない出来事だが、近世の武士にとっては、それほど珍しいことではなかったのだろうか。現在の私たちにとって、出張での死は非日常であろうが、近世の武士にとっては、ある意味で日常に近い感覚だったのではないか、と考えるようになった。

右のような思いから、今回『江戸武士の日常生活』（以下、本書）の補論として、これまであまり取り上げられることのなかった、旗本の出張先での日常と非日常を素材に考えてみることにした。具体的には、「二条大坂在番衆」と表現される大番衆の勤務、給与、居住環境といった日常性と、赴任する大番士にとって非日常性の最たる死が、どう関わっていたかを手掛かりにして、出張死がもつ意味を考えてみる。

一　二条城の成立と管理運営体制

近世の二条城に関して、『平成三〇年度史跡旧二条離宮（二条城）保存活用計画策定に係る歴史調査業務報告書［概要版］』中の藤井讓治、今和泉大、岩崎奈緒子三氏の分析および拙論、また拙著「二条城番衆と京都」（『令和三年度二条城歴史講座』）を参考にして、まず簡単に整理しておく。（なお『研究紀要元離宮二条城　第一号』所収の「元離宮二条城編年史料　近世編」、および同書所収の柴崎謙信「二条在番と二条城」を参照）。

近世の二条城は、慶長六年（一六〇一）に徳川家康により築城。その後、元和九年（一六二三）に秀忠《ひでただ》・家光《いえみつ》が入城、翌年、後水尾天皇《ごみずのおてんのう》行幸のため、二条城大改造の命が出された。その結果、寛永三年（一六二六）には西側に城域が拡大。拡張部分に本丸（焼失し現存せず）が新造され、二之丸あたりに天皇を迎えるための行幸御殿が建てられ、本丸の西南角に天守が築造された。この天守は寛延三年

（一七五〇）に焼失した。

後水尾天皇の行幸後、二条城の大規模な改変が行われ、寛文期（一六六一〜七三）までに多くの建物や部屋は城外に移築され、二之丸御殿の南西部に空間がうまれ、現在の空間の形となった。その後、幕末まで将軍の入城はなく、それにともなって二条城の役割が変化し、在番衆ら諸役人の長屋や小屋の整備が進んだ。

寛永二年、駿府城番だった渡辺茂《わたなべしげ》が二条城定番に任じられ（番衆は三〇名）、この時、御門番頭二名と御蔵奉行三名が任命された。その後、寛永一二年に、一二組の大番のうち二組が一年ごとに在番し、毎年四月に交代する在番体制が成立した。寛文三年（一六六三）には、東西番頭小屋と東西番衆小屋が城内に新造された。

寛文行幸から寛文期にいたる約三〇年間は、行幸関連施設の移築撤去と常駐警備体制が整備されていく時期となった。さらに、貞享三年（一六八六）以後、元禄期（一六八八〜一七〇四）まで大々的な破損見分が実施され、老中・若年寄が最終段階に見分をした。この時期の大規模な修築と解体を経て、現在の殿舎構造、城内景観が成立した。現在の二条城の基本的な形はこの時期に完成し、幕末にいたる。

二条在番として江戸から上洛する大番衆は、番頭二名、組頭八名、番衆九二名で、さらに番頭付として与力二〇名、同心四〇名と、番衆の家来衆がいた。番頭らの召し連れる家来は、たとえば慶安二年（一六四九）の「軍役人数割」では、一万石で二三五名、五〇〇〇石で一〇二名、六〇〇〇石で一三名、二〇〇石で五名と定められていた。戦時ではない非戦時体制なので、組頭で六名、番衆で二ないし三名であった。以上を総計すると、二条在番として城内に入る人数は、だいたい三〇〇名程であったと推測できる。

二条城の管理・運営には、大番士が在任中に御蔵奉行仮役、御弓奉行、御鉄砲奉行、御具足奉行、宿割、米払などを務め、それ以外の御殿番、御門番頭、鉄砲奉行、二条御蔵奉行などの職務を、大番や勘定、小十人組など出身の地役とその配下の人々が担った。

二　二条大坂在番衆の在番中死去

次に提示した「二条大坂在番衆の在番中死去者分析表」は、『寛政重修諸家譜』の記事から、二条大坂在番衆で在番中に死去した者を抜き出し分析したものである（以下、在番衆の履歴は、特記しない限り同書による。また同書は以下『寛政譜』と略称する）。ただし、同書の刊本全二二冊のうち巻三、九、一四、一八の四冊を任意に選んだ。したがって、全体のほぼ五分の一程度の人数になっている。右の表を活用して、以下いくつかの問題点を取り出し、逐次考察を加えていく。

『寛政譜』の全体の死者は、表の五倍程度と考えられるが、まずその理由を述べよう。巻三の「二条大坂在番中」の死者は二五名、同様に巻九は三六名、巻一四は二三名、巻一八は二一名である。したがって四冊の平均は二六・二名。これに二二冊分を掛けると約五七六名となる。他方、巻三、九、一四、一八の死者は合計一〇五名。この数を五倍すると五二五名となる。両者の数字がかなり近似していることから、全体の死者数は、巻三、九、一四、一八の数字の約五倍と推定できる。つまり、元和五年（一六一九）から寛政一〇年（一七九八）までの一八〇年間に、約五〇〇名の死者があったと推定できる。一年間に約二・八名が死去したことになる。ただし、毎年二ないし三名が亡くなったというわけではない。たとえば、二条城では二名の同年死亡が七回あり、享保九年（一七二四）には三名が死去し、大坂城では二名の同年死亡が六回、享保二〇年と安永五年（一七七六）には三名が死去しているからである。

次に、表の見方を示す。番号1は、大坂在番の開始が元和五年で、『寛政譜』の記事の下限が寛政一〇年なので、全体を三〇年ごとに区切ったことを示す。番号2は、死者の年代別を示し、番号1とは無関係である。番号3は、死亡時の年齢。番号4から13は特に説明は不要だろう。番号14は、寛政年間に初めて登場する。在番中死去した際、幕府から葬事料として白銀五枚が支給された。番号15は、『寛政譜』の巻ごとの死者数である。以下、それぞれの項目ごとに説明を加えていく。

年代ごとの死者数は、(1)元和五年に始まる三〇年間は、二条と大坂を合わせて一四名、(2)慶安二年以降九名、(3)延宝七年以降一四名、(4)宝永六年以降二四名、(5)元文四年以降二四名、(6)明和六年以降

(4)宝永6(1709)～	(5)元文4(1739)～	(6)明和6(1769)～
50代死者数10名	60代死者数9名	70代0、不明10名
不明1名、20代1名 30代1名、40代3名 50代4名、60代5名	不明1名、30代3名 40代4名、50代4名	30代1名、50代1名 60代2名
2名	1名	
1名		
	1名	2名
1名		
3名	2名	1名
11名	10名	3名
一組(二条と駿府)		
1名		(同年死1名)
		2件
第十九巻10名		

50代死者数16名	60代死者数8名	70代4名、不明9名
30代2名、40代1名 50代5名、60代1名	不明2名、30代1名 40代2名、50代3名 60代2名、70代2名	20代1名、30代2名 40代3名、50代6名 60代3名、70代1名
	1名	
		1名
1名	1名	
2名		
	2名	5名
7名	10名	11名
		一組(父子)
		1名
2名		1名
		2件
第十八巻11名		

二条大坂在番衆の在番中死去者分析表

	二条城			
1	年　　代	(1)元和5(1619)～	(2)慶安2(1649)～	(3)延宝7(1679)～
2	死者数(46)	20代死者数4名	30代死者数5名	40代死者数8名
3	死者年齢	不明2名、60代1名	不明1名、20代1名 60代1名	不明5名、20代2名 50代1名、60代1名
4	帰府中死	1名		1名
5	出府中死			
6	(出府中)事件			2名
7	(在番中)事件		1名	
8	大番頭死			
9	組頭死			1名
10	大番士死	3名	3名	8名
11	近親死	一組(父子)		
12	子孫死	一組(二条同士)	二組	一組(二条と大坂)
13	翌年死			3名
14	葬事料支給			
15	『寛政譜』巻	第三巻11名	第九巻13名	第十四巻12名
	大坂城			
16	死者数(59)	20代死者数3名	30代死者数8名	40代死者数11名
17	死者年齢	不明5名、20代1名 30代2名、40代2名 60代1名	不明3名、40代1名 50代1名、60代1名	20代1名、30代1名 40代2名、50代1名
18	帰府中死			
19	出府中死	1名		
20	(出府中)事件			1名
21	(在番中)事件			2名
22	大番頭死	1名	1名	
23	組頭死	1名	1名	
24	大番士死	9名	4名	5名
25	近親死	二組(二条と大坂)	一組(父子)	
26	子孫死		一組(大坂同士)	
27	同年死			
28	翌年死			
29	葬事料支給			
30	『寛政譜』巻	第三巻14名	第九巻23名	第十四巻11名

二〇名となっている。ここで注目できることは、⑴の元和五年以降がかなり多く、特に大坂が一一名と目立つ。二条在番は、寛永二年から同一二年までは番衆が三〇名で、一〇〇名体制は寛永一二年以降という事情が関係しているのだろう。慶安二年と延宝七年以降の一七世紀後半は比較的少ないが、⑷の宝永六年以降はそれまでに比べて増加していることが注目される。

死亡年齢は、二条と大坂の合計で、二〇代が七名、三〇代が一三名、四〇代が一九名、五〇代が二六名、六〇代が一七名、七〇代が四名、不明一九名となっている。年代別の死亡では、ふつう五〇代以降が多いと考えられるが、二〇代から四〇代の合計が三九名、五〇代以降が四七名と、若い世代の死亡が比較的多い。病気が年代を問わず死者を生んでいたと推定できる。出府中や帰府中の死亡や事件は、番号の4から7だが、結構あったことがわかる。

番号8から13は、死者の階層別である。大番頭は二条大坂あわせて五名、組頭は⑴〜⑶が三名、⑷以降が一三名と、一八世紀以降に急増している。一般の大番士は、二条が三八名（宝永以前一四名、以後二四名）、大坂が四六名（宝永以前一八名、以後二八名）で、二条と大坂はどちらも、宝永以後が以前に比べやや多い。宝永以降の組頭の死者は一三名、一般の大番士は五二名である。そこで宝永以降の両者の死亡率を比べてみると、宝永六年から寛政一〇年までの約一〇〇年間で、組頭は〇・八一パーセント、同様に一般の大番士は〇・二八パーセントである。宝永以前は、組頭が〇・一八パーセント、大番士が〇・一七パーセントで、ほぼ同じなのにたいして、組頭は一般の大番士の約二・八九倍と急増していることがわかる。

右の記述から、元和五年からの三〇年間にかなりの死亡例があったこと、一七世紀後半から一八世紀初めまでは比較的少なく、その後は組頭の死亡が急増していることがわかった。次節では、最初の三〇年間と組頭の死亡が急増する二つの時期を中心に考察していく。

三　年貢の一倍支給

元和五年（一六一九）からの三〇年間に、在番中の死者は一四名であった。内訳は、二条城が寛永五年（一六二八）、同一八年、同一九年に一名、伏見城が一名、大坂城が元和六年、同七年、寛永四年、同六年、寛永二年～九年の間と推定される者がそれぞれ一名、同一七年が二名、同二〇年が一名で、残りは正保二年（一六四五）と慶安元年（一六四八）が各一名である。つまり、一四名中一二名が寛永二〇年までに集中している。この一二名の数字は『寛政譜』四冊分にすぎず、全冊分の五倍として計算すると六〇名になる。元和五年から寛永二〇年までは二四年間なので、一年間に二・五名が死去したことになる。この数字はあくまで推定だが、この時期には毎年二ないし三名が死去していたことになろう。かなり多いと思われるが、理由はよくわからない。だが、在番衆の生活環境が劣悪だった可能性がうかがわれる。そうであれば、在番衆が強い不満を持っていたと想像される。この時期になぜ在番死が多かったのか、幕政の動向と関連づけて考えてみよう。

寛永一七年正月一三日付の「定」は、御番衆一般が「御軍役御上洛の御供《おんぐんやくごじょうらくのおんとも》」など「御奉公の道」を心がけるようにと、さまざまな倹約対策を九か条にわたって指示し（ただし、最後の二か条は二条大坂在番が対象）、最後に、「定」を出した理由を次のように述べている（「御当家令条」）。

右九か条の趣、能々嗜《たしな》むように、各々が進退（身代）を弁えないとの由、高聞《こうぶん》に達した、以前御旗本衆が身上《しんじょう》成らざる旨、御耳に達し、皆の分限《ぶんげん》に応じ、今後進退が続くようにと思召《おぼしめ》され、御知行を加増し、その後も御介抱を加えられたのに、今度また諸番衆や諸役人が財政困難の由、再三聞し召された、（上様は）不審に思われた、そこで、番頭や組頭、諸役人などの様子を穿鑿《せんさく》のうえ、右の定を仰せ出された、だから今後は、皆が身上相続できるようにとの（上様の）真意を理解して嗜むように

右の「加増」は、藤井譲治が、寛永二〇年二月七日の史料をあげて、「大番・書院番・小姓組番の番士のうち知行一〇〇〇石以下のものに対して、一律に二〇〇石を加増し、さらに無足のものについても知行二〇〇石を新たに与えた」、これは「当時顕在化しつつあった旗本層の窮乏を救済するため」（『日本の近世3、支配のしくみ』）と述べている事実をさす。しかし、現実にはその後も旗本層の窮乏は収束することがなく、先の「定」が出された。またその二日前の正月一一日にも、家光が、「大番頭、書院番頭、小姓組番頭」らを「御前」に召して、番衆が「奢侈《しゃし》に耽《ふけ》り」、「無用の浮費《うきひ》」をなして

「家計困難におよんだ」と述べて、この事態は、「番頭・組頭」がしっかり教諭しないからだ、と面責していた（『徳川実紀』）。

同様の趣旨は、寛永二〇年二月一八日にも伝えられた（「進退不成者《ならざるもの》之儀ニ付上意之趣伝達」）。すなわち、「御小姓組、御書院番、大御番、右の面々は、以前に御金を下され、或は御加増、或は御借金など仰せられたのに、進退の成らざる者がある旨、上聞《じょうぶん》に達した、最前に御重恩《おんじゅうおん》を与えられたのに、右の有様は不《ふ》届《とどき》に思召された、今後は奢侈に耽るなどして、進退の成らざる者は、穿鑿の上曲事《くせごと》と« »す」と、上意の趣が、老中列座のなかで番頭衆に伝えられた（『徳川禁令考』）。

右の「伝達」は、内容からいって先の二つの指示を再度繰り返したものである。寛永一〇年ころから同二〇年にかけて、家光にとっては、番衆一般の財政窮乏への対応が重要な課題になっていたことがわかる。

しかし、そうした番衆一般への対応とは別に、寛永一九年六月一〇日に次のような「上意」が出された（『徳川禁令考』）。

一大御番は、大坂二条にても、一倍物成《いちばいものなり》（年貢《ねんぐ》）を下されるから、身体（身代）が成るはずだと、思召された、身体が成らざるような子細があれば、申すようにとの由、上意である

一家居の結構、妻子の衣類風情は、万事分限に過ぎ奢るから、身上が成らざるのだ、と思召されている

一大御番は大組なので、御旗本の先手を仰せ付けられている、この儀を専一に考え、もし何事かがある時、御用に役立とうと心がけ、むやみに私の奢りをしないよう分別することが肝要だ、と思召されている

一人々身体のことは、身によること（自分次第）なので、人がとやかく細かなことを言わなくとも、おろそかにしてはいけない、しかし、身上（経済）が大事と考え、金銀を嗜めというのではない、何事かがあれば、御用に立とうと心がけ、身持《みもち》をよくする覚悟が肝要だ、と思召されている

右の「上意」は、「大御番」で始まっており、明確に大番に特化した内容で、前述した「定」などとは一線を画している。元和から寛永一〇年代には、二条大坂の在番衆が毎年のように在番中死去していた。他の番衆とはこの点で全く異なった状況があり、大番衆の不満が高くなっていたと推察できる。二条大坂在番は、当然ながら道中での負担、馴れない上方での生活が、そのまま財政窮乏に通じていた。特に寛永末期は、凶作と飢饉でよく知られ、大番衆の財政を一層困難にさせたと思われる。

そうした状況のなかで、家光によって、「大御番は大組」で「御旗本の先手」と認識された大番衆の不満解消は、焦眉の課題だった。だから、「人々身体のことは、身によること」と自分次第、つまり人次第の問題としながら、奢侈対策などの実行は、家光への奉公である「御用」なので、それを専一に心がけよ、と説諭したのだ。近世初期は、「天道次第」に任せるのではなく、「人次第」の努力で

多くのことが可能になるという考え方が登場していた（拙著『考える江戸の人々』）。つまり、右の「上意」は、番衆に倹約を求めた先述の「定」の背景をなす、家光の思想が開陳されていたのだ。慶安二年以降、在番衆の死去が相対的に減少しているのは、在番衆に「物成」同等分が別に支給されたのが大きかったのである。

なお、京都町奉行所が享保三年（一七一八）以降に編集した『京都御役所向大概覚書』は、「一倍物成（年貢）」について次のように記す。すなわち、「二条大坂御目付衆御合力米《ごうりきまい》之事」の表題で、「仮令《たとえば》、知行高一万石で、現米四千石」とある。さらに「右は御番頭・御番衆同断、但し、与力は三つ半物成のつもり、同心は一人につき三石宛」とある。右の記事から、「一倍物成」は享保期以降もつづいていたことがわかる。右の記事また、元禄五年（一六九二）以降に、「合力米」が現金支給になっていたことを知らせてくれる。

ところで、慶長一四年（一六〇九）の伏見城在番への「条々」に、「銭湯へ入ることは、上下とも停止」とある。また、明暦二年（一六五六）の二条在番衆へ宛てた「定」に、「道中下々に至るまで、銭湯風呂に入るな」とか、「二条風呂屋敷へ、市日に片輪にて一月に三斎、両輪にて六斎出すように」とある。銭湯風呂が紛争の場になり易かったからだろうが、同時に、在番衆の小屋にまだ風呂がなかったのだろう。右に関係して、寛文三年（一六六三）に二条在番衆の小屋が新造されていることに注目したい。成立年代は不明だが、大工頭中井氏の「指図集」に「湯殿」が描かれているからである

（上）組頭部屋，（下）番衆部屋（２戸）

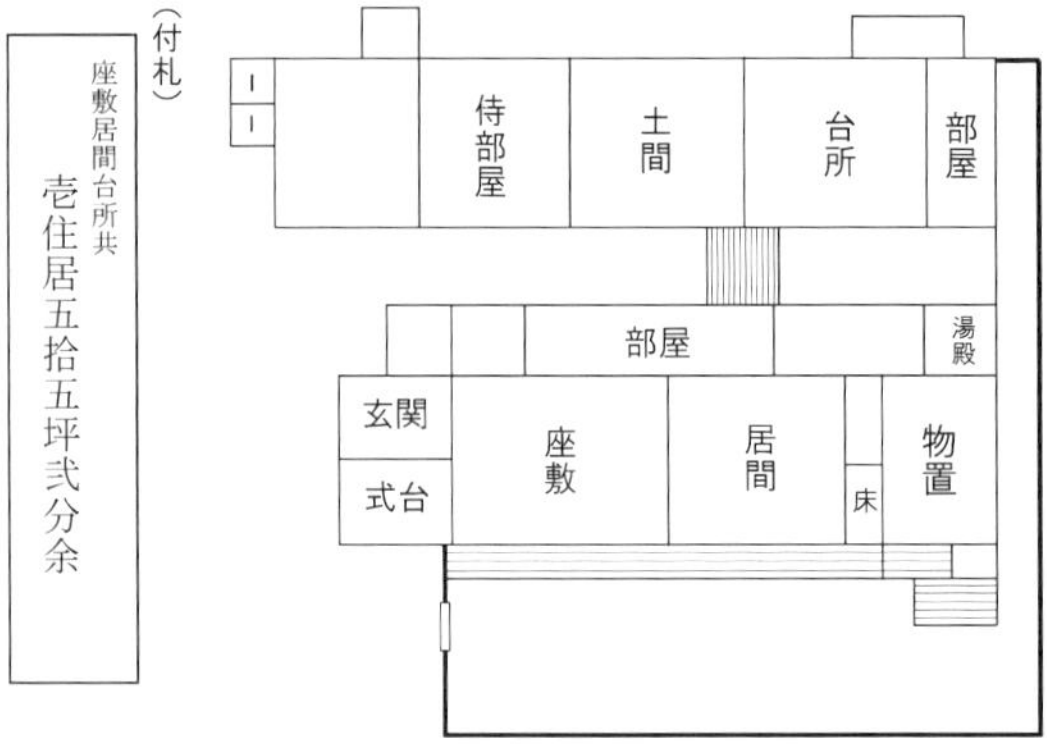

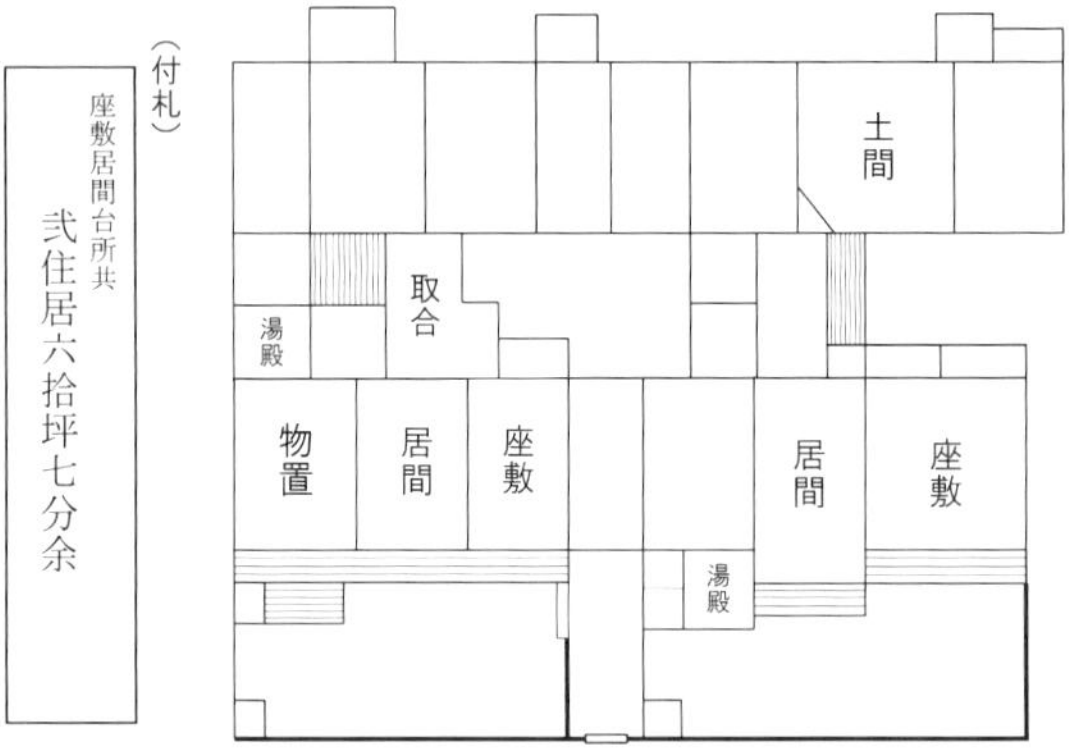

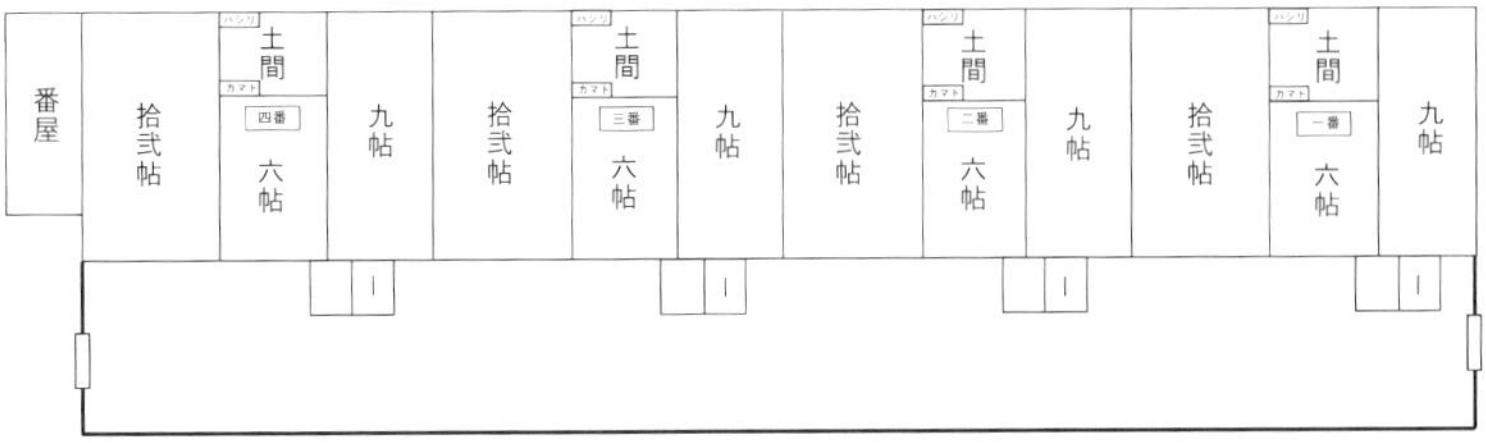

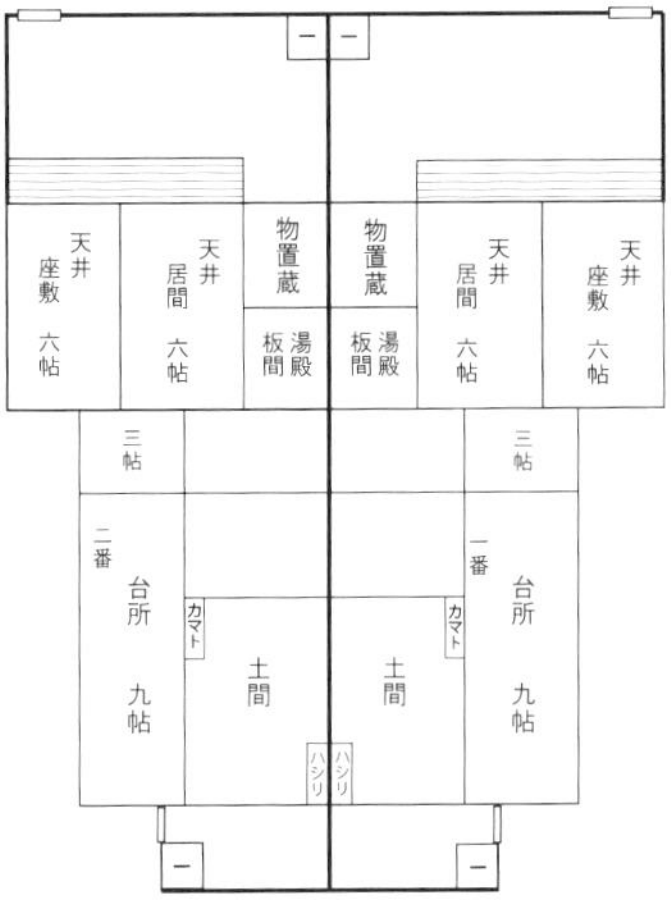

(左) 与力部屋，(上) 同心部屋

(注)262・263ページの図は谷直樹編『大工頭中井家建築指図集：中井家所蔵本』思文閣出版，2003年刊，の指図をもとに作成。

(二六二・二六三ページの図参照)。ちなみに、本書中の石橋《いしばし》生庵《せいあん》の記事（一〇一ページ）のなかで、生庵が延宝六年（一六七八）五月、主人の三浦邸の「浴室」に入り、これを参考に、同年一〇月、生庵の家でも「浴室」普請が行われている。和歌山の城下町に住む下級武士の世界で、延宝期に「浴室」がつくられていることから、寛文三年の京都に「湯殿」が作られていても不思議ではないだろう。二条在番衆は、寛文年間にはほぼ4LDKの「湯殿」がある住宅に住めるようになったと推察できる。明暦二年の「定」には、「食焼女」の雇用も許されている。食事の世話をする女性が城内に入っていたことがわかる。こうして、在番衆の住環境や食環境は格段に改善され、死亡数の減少につながったのである。

四　組頭衆の死亡はなぜ増加したか

近世の二条大坂在番衆は、宿直などのほか大した仕事もなく、のんびりとした生活を送っていた、というイメージが強いが、それはどこまで本当だろうか。

寛永一七年（一六四〇）の「定」は、最後の二か条で、「江戸に帰府の際、親戚に土産物や贈り物を買い帰るな」と「在番中は遊山や無駄な寄合をせず、不要な市中徘徊をするな」と指示した。家光は、在番衆の貧困化が、こうした行動にあったと考え、番衆一般の倹約令の中にあえて右の二か条を加えたのである。右と同様の規定は、明暦二年の在番衆に宛てた「定」に引続きあり、寛永一七年以降も継続されていた。

京都では、在番衆が交替する延享元年（一七四四）五月に、はじめて次のような町触が出された（『京都町触集成』）。

二条御城在番

一　菅沼《すがぬま》織部正《おりべのしょう》（定用《さだもち》）殿
　　本庄《ほんじょう》大和守《やまとのかみ》（道矩《みちのり》）殿　　家来中

一　御番衆幷家来に至迄《いたるまで》

右面々に売人が売掛けしないように申し聞かせよ

右の触はその後幕末まで毎年出され、後には、対象が「御番衆および与力同心、同家来に至迄」と、与力同心とその家来にまで拡大された。さらに、天保一三年（一八四二）には「二条在番の面々は在番中の雑費が多いためか、日用の品を掛け買いし、次第に払方が延引となり、当地での借財が増えた、城中に立ち入る商人も物価を引き上げるようになった結果、借財のなかった番衆も仕方なく高価な品を買うことになり、無駄な費用も増えて来たとのことである」と述べ、番衆の掛け買い禁止と、商人の掛け売り禁止が求められている。商人が城内に入って在番衆に高価な品物まで売っていたことがわかる。番衆は、合力米を現金で支給されたので、最初は掛け買いから始まって、次第に借金がかさみ、一部の在番衆が困窮化してきた様子がうかがわれる。こうした状況は、家光の恐れていた不安が、顕在化してきたことを示している。ではその結果、在番衆にどんな変化がもたらされたのだろうか。

一八世紀にはいると、在番衆の死者が増加してくる。『寛政譜』は、「二条城にあって死す」と記すのみで、死亡原因を語ることはない。しかし、いくつかの事例で原因をうかがい知ることはできる。たとえば、在番中や道中で、「失心して自殺」とか「狂気して自殺」のような記事や、「失心」して同僚に「傷を負わせ」て「改易」といった記事である。死亡原因としては、右のような事例以外は記述がなく、ほとんどの死亡は病気の可能性が高いと思われる。そこで、死亡原因が病気と判明する事例を取り上げ検討してみよう。

『寛政譜』によれば、大番頭五井《ごい》（松平《まつだいら》）忠実《ただざね》は、「承応元年（一六五二）八月二二日、二条城の守《しゅ》衛《えい》にあって死す」とあり、遺跡《いせき》を継いだ伊燿《これてる》の項に「承応元年八月、父忠実二条城にて病おもしとき、、いとまを申して上りしに、忠実遂にうせ」とみえる。同様の記事が『徳川実紀』にもみえる。忠実が二条在番中に病死したことは明らかである。だが、表にある五名の大番頭（二条城の曽我助元《そがすけもと》［四九歳］、大坂城の皆川隆庸《みながわたかつね》［六五歳］、石川貞当《いしかわさだまさ》［四一歳］、戸田重澄《とだしげずみ》［五一歳］、岡部盛明《おかべもりあきら》［五三歳］）については、『徳川実紀』は何も語ってはいない。五井忠実の病死が特例だったことがわかる。

次に、組頭の事例をみてみよう。「大番職制」（以下、特記しない記事はすべて同書による）に次の記事がみえる。

安永三年（一七七四）、森川《もりかわ》紀《き》伊守《いのかみ》（俊孝《としたか》）組与《くみ》（組、以下おなじ）頭杉浦藤《かしらすぎうらとう》右《え》衛門《もん》は、病気のため、二条在番の日延願《ひのべねがい》を提出した、しかし、日延の内、四月二四日に病気が重くなったため、跡目《あとめ》の確定を願った、そこで月番石川《いしかわ》阿《あ》波守《わのかみ》（総恒《ふさつね》）殿が取り計らった、これまでの先格《せんきゃく》がなく、資格確認の改めを阿波守殿の組の組頭が取り計らうことになった、残役《のこりやく》の祖《そ》父《ふ》江《え》孫大夫《まごだゆう》が世話をし、判元《はんもと》を見届《みとど》ける際、阿波守殿の組頭両人と孫大夫が立ち会った、御番頭は御出がなかった、右の改めは実子確認のためか

森川と石川は大番頭。杉浦藤右衛門勝昌《かつまさ》は、宝暦二年（一七五二）に組頭となり、安永三年四月二九日に死去している（蔵米四〇〇俵取）。「四月二四日」の五日後のことであった。「跡目」願を出した

のは、遺跡を継ぐ勝充《かつみつ》が後妻の子で、将軍家治《いえはる》に御目見《おめみ》えはしていたが、安永三年に一九歳で、正式な跡目には至っていなかったからであろう。藤右衛門父勝利《かつとし》は、宝永五年（一七〇八）に、二条在番中に禁裏関係の祝い事で関東へ使者に立ち、正徳四年（一七一四）八月一日、二条城の守衛中死去している（三七歳）。藤右衛門が遺跡を継いだ時は二歳だった。こうした自分の経験から、跡目相続の重要性が強く認識されていたのだろう。

残役の祖父江孫大夫は（二〇〇俵取）、寛延二年（一七四九）に大番となり、藤右衛門の死去の翌年安永四年七月二日に「組頭」となっている。残役は、組の番衆が在番中、江戸に残って番衆の家族の世話や江戸と在番先との連絡などにあたった。祖父江氏の祖先は、宝永元年、のちの将軍家宣《いえのぶ》の西丸移動に従い、「御家人に列して御勘定となり」蔵米二〇〇俵となった。孫大夫の父正秀《まさひで》まで御勘定で、正秀は功績をあげ、享保八年（一七二三）に組頭となり、さらに元文五年（一七四〇）富士見御宝蔵番の頭に移っている。

藤右衛門と孫大夫の先祖は、いずれも大番より下位の職から功績をあげて上昇し、やがて子の初任職が大番となり、二人は組頭まで昇進したのであった。また、藤右衛門が四〇〇俵取、孫大夫が二〇〇俵取であったことに注目したい。将軍吉宗《よしむね》が採用した足高制《たしだかせい》では、大番組頭は六〇〇俵となっており、両人とも組頭になることで、その恩恵に浴していたことがわかるからである。宝永六年以降に死去した組頭は、一三名いるが、米津盛政《よねきつもりまさ》（一〇七〇石）、稲富直容《いなとみなおやす》（七五〇石）、逸見《はやみ》義豫《よしやす》（六〇〇石）

以外は、一〇名すべて六〇〇俵を下回っている。藤井讓治が示したように、近世前期には、「大番を束ねる大番組頭の知行高は、七〇〇石前後であるが、多くの場合、組頭に昇進して間もなく、もとの知行高に二〇〇俵が加えられるのが常であった」（『江戸時代の官僚制』）。近世後期には、小身の大番衆が組頭に昇進することで、足高制の恩恵を受けていたことがわかる。小身で組頭になる大番士は、もともと能力のある人物だが、そのため、昇進した後も無理をして体を痛めやすかった。それに加えて、組頭は繁忙だったから、結果的に死にいたる場合が多かったと考えられるのである。

組頭は一組四名で、江戸でも在番先でも大番頭と一般番衆の間にあって、両者の意向を調整する役であった。藤右衛門の問題でも、「阿波守殿の組頭両人」が関わっているように、番衆のさまざまな問題に関与していた。番衆の取人《とりにん》や代人《だいにん》願の取次、病気や看病、類焼、差合《さしあい》（忌服《きふく》や産穢《さんえ》）などでの日延願の取次、組頭同士の申合《もうしあわせ》の会議など多忙をきわめていた。

寛政二年（一七九〇）に、取人や代人願の優先順位を定めた記事が掲載されている。この記事は、大番頭の堀田《ほった》摂津守《せっつのかみ》（正敦《まさあつ》）が組頭の尾崎信壽《おざきのぶひさ》・黒川盛囿《くろかわもりその》へ達したもので、次のような内容であった。

> 残役、御破損奉行《ごはそんぶぎょう》、御茶壺差添《おちゃつぼさしそえ》臨時御用勤める者、知行所皆無《かいむ》類焼の上知行所半毛《はんもう》以上損毛《そんもう》の者
> 右の分は、知行高を比べ、その上下に構わず、順立の通に決めよ

右の四者が最優先順位で、知行高に関係なく、順番のとおりに決めよとある。以下、役職や災害ごとに、いくつかの優先順位が定められている。たとえば、「大坂御金奉行」、「米払」などは、「残る者

の高と比べ二、三倍までの者であれば、代人に決めてよい」とある。「大坂御金奉行」や「米払」などは、江戸に残る者の知行高の二、三倍まで応募可能にするというのだ。応募者が少なかったからだろうか。ちなみに、「地願《じねがい》の者」や「取手返《とってかえし》の者」、「取手返在番三度続きの者」などは、「本人の知行高に引合う者を代人に決め、少しでも高倍の者は除き」、「同程度の知行高の者がいなければ差人とする」とされている。取人や代人を願う者が増加してきたため、こうした優先順位を決める必要が生まれてきたのである。

右の記事につづいて、「先組へ代人内問合《うちといあわせ》左の通」の表題記事が載っている。すなわち、組頭四名が連署して、在番に出発する前年の一一月付で、代人先の組頭に「故障はないか」との「問合」雛形《ひながた》を示し、その上で、誰々が、「来夏の二条御番」を勧める「高木主水正《たかぎもんどのしょう》（正則《まさのり》）殿」と「市橋下総守《いちはししもふさのかみ》（長昭《ながあき》）殿」両組へ「取人代人」を願っているとしたうえで、さらに、組頭四名連署の次の書状雛形を掲載している。

右何人の面々は勝手不如意《かってふにょい》なので、御奉公の取り続きのため、来夏の二条御番を両組で勤めたいと願っている、それ故、差し登させて下さる様にしてもらいたい

右の文面から、番衆が取人代人になる理由は、病気や差合、老齢、といった事情だけでなく、財政困難があったことがわかる。大番衆が財政困難におちいってきていたのである。

組頭の欠員は、享保頃から顕在化し、その対応策が図られてくる。具体的な対策を次にみていく。

享保元年（一七一六）に、「組頭衆が病気や差合」で三人になった場合、両人が病気で二人になった場合、三人が病気で一人が残った場合、それぞれについての対応策が示された。さらに、享保一九年には、「組頭が残らず病気や差合」などで、「助合《すけあい》の時分」には、「他組の組頭」ばかりで勤めることになる。だから、この時は、「当日の詰番組の組頭から二人、前日の詰番組の組頭から二人、都合四人」が「助立《すけだち》」勤務するようにせよ。右両組の組頭が病気や差合で、両人が「御助《おんすけ》」を出しがたい時は、「詰番の順」に「先へ繰り助取《すけとり》」するように。また、「病気や差合が多」ければ、右の順で「一組二人或いは一人」でも出して「兎角四人都合」し、「当組の組頭」が助け立ちせよ、と決められた。つまり、組頭が四人とも欠員になった組に対して、他組でどうやりくりするかが定められているのだ。組頭の欠員は、大番の組頭内で補充することになっていたのだろう。「助立」が長期になる場合、負担が一人に集中しないことや、一人から三人までの欠員は、享保元年の通りとされていた。その後、寛政一一年（一七九九）に、組頭衆が、現在は「御同役四人助」や「両人にて」済むなど、享保一九年の趣が「区々になっている」から、「今後の心得」を組々の「御番頭」に「問合」せる旨が「中合」されている。つまり、組頭のうち何人かが欠員になる事態が、相変わらず現実に生じていたことを示している。組頭は、繁忙だったこともあり、病気や差合のため欠員になることが常態化していたのだ。

他方、在番衆のなかには、在番を忌避する者が次第に現れてくる。たとえば、文化四年（一八〇七）に次のような記事がみえる。「一人立旅行の節、病気になった場合」、今までは、宿場で保養し、なお旅行が難しければ、江戸に伺い、江戸に立ち戻ってもよいとしてきたが、（イ）「伺《うかが》いさえすれば立ち戻ってよい」と「容易《ようい》」に心得ては、「甚《はなは》だ心得違《こころえちが》い」である。「病気」とはいえ、「道中は大切の御番に登る」ためなので、「成るべくは立ち戻る」な、としたうえで、今後は、「御番衆」を、「出立前日か前々日に各々方（組頭）宅へ招かれ」、「旅行前の心得方」は勿論、「その身が病気または同道人病気の節の心得方」を「得と申し含め」よ、ただし、（ロ）「在府中病気」で、「出立前々日まで保養し、それでも「押して出立の仁《じん》」がいるので、その際は、その「番衆」へよく申し含めなさい。

右の記事は、この時期になると、（イ）のように、在番に向かう道中で病気になった場合、安易に江戸に戻る番衆や、（ロ）のように、病気であっても、無理に出立する番衆がいたことをしめしている。後者は、本書の和歌山藩の事例（七八・七九ページ）で、病気で長期欠勤した藩士が、「猶以《なおもっ》て苦《くる》し身《み》に罷《まか》り成る」と、肩身がせまく、心苦しい、と述懐していたのが想起される。確かに江戸後期にも、そうした奉公第一と思う番衆は存在した。しかし同時に、現実には（イ）のように、在番などは適当に勤めればよい、と思う番衆が確実に増加していた。文化二年の記事に、在番の代人となった番衆が、「近来」は、出立の間際に「自分病気、看病などと申し立て」、簡単に「日延」を願うようになったとある。（イ）と同様の事例だろう。組頭は右の（イ）や（ロ）にみられるような番衆の教化にもあたるべきだと、番頭が指示していた。組頭はこうした役割も期待されていたのである。

最後に、寛政二年の「取人代人願順立《じゅんたて》」で、最優先順位であった「御茶壺差添」について、文政四年（一八二一）に江戸城内で番頭が「申合」せた記事を検討する。御茶壺差添は「道中供連《ともづれ》やその外の入用などが在役《ざいやく》と違い、格別に物入《ものいり》で難渋《なんじゆう》」とのことなので、「再取手返代人」のことは、今後次のようにする。「御茶壺附本組在番　同取手返代人　同再取手返代人」、右の通り、取人、代人、代々人とする。「順立の儀も御茶壺附取手返者の次より、同再取手返者に順立する事」。つまり、御茶壺附は特別難渋で引受け手がないから、今後はあらかじめ「再取手返代人」まで手配しておくというのだ。また、出立の「即日延願」は、翌年の「代人願」を原則受けつけないが、御茶壺附は例外にするとされている。幕末にむけて、御茶壺附の採用がいかに困難になっていたかがわかる。大番頭や組頭は病気や差合での困難が、一般番衆はそれらに加えて財政困難や在番忌避の動きがみられ、大番勤務の遂行に支障が生じるようになっていたのである。

おわりに

二条大坂在番衆の出張死の背景を探ることで、以上みてきたような事実を知ることができた。なかでも、近世後期の組頭は、いわゆる中間管理者としての役割が期待され、苦しい立場に置かれていたことが推察される。二条大坂在番は、大番衆にとって通常の勤務ではあったが、出張死が身近なこともあり、ある意味で非日常性を備えていたのである。

近世の武士たち、なかでも幕府役人の場合であれば、遠国への使者や奉行、代官、目付など、長期か短期かの区別にかぎらず、さまざまな機会に出張生活を強いられた。こうした出張生活が武士たちにおよぼした影響、さらには、庶民の世界での影響もふくめ、今後考えていく必要があろう。

ヤ

ラ・ワ

タ

ナ

ハ

マ

索　　引

本書の原本は、二〇〇〇年に講談社より刊行されました。

著者略歴
一九四七年　愛知県に生まれる
一九七二年　京都大学文学部国史学科卒業
一九八一年　京都大学大学院博士課程国史学専攻
　　　　　単位取得満期退学
元京都女子大学教授、京都大学博士（文学）

〔主要著書〕
『思想史における近世』（思文閣出版、一九九一年）、『日本幼児史』（吉川弘文館、二〇一三年）、『江戸のパスポート』（吉川弘文館、二〇一六年）、『考える江戸の人々』（吉川弘文館、二〇一八年）

読みなおす日本史

江戸武士の日常生活
素顔・行動・精神

二〇二三年（令和五）六月一日　第一刷発行

著　者　柴《しば》田《た》純《じゅん》
発行者　吉川道郎
発行所　株式会社 吉川弘文館
郵便番号一一三―〇〇三三
東京都文京区本郷七丁目二番八号
電話〇三―三八一三―九一五一〈代表〉
振替口座〇〇一〇〇―五―二四四
http://www.yoshikawa-k.co.jp/

組版＝株式会社キャップス
印刷＝藤原印刷株式会社
製本＝ナショナル製本協同組合
装幀＝渡邉雄哉

ISBN978-4-642-07525-1

読みなおす日本史

刊行のことば

現代社会では、膨大な数の新刊図書が日々書店に並んでいます。昨今の電子書籍を含めますと、一人の読者が書名すら目にすることができないほどとなっています。ましてや、数年以前に刊行された本は書店の店頭に並ぶことも少なく、良書でありながらめぐり会うことのできない例は、日常的なことになっています。

人文書、とりわけ小社が専門とする歴史書におきましても、広く学界共通の財産として参照されるべきものとなっているにもかかわらず、その多くが現在では市場に出回らず入手、講読に時間と手間がかかるようになってしまっています。歴史の面白さを伝える図書を、読者の手元に届けることができないことは、歴史書出版の一翼を担う小社としても遺憾とするところです。

そこで、良書の発掘を通して、読者と図書をめぐる豊かな関係に寄与すべく、シリーズ「読みなおす日本史」を刊行いたします。本シリーズは、既刊の日本史関係書のなかから、研究の進展に今も寄与し続けているとともに、現在も広く読者に訴える力を有している良書を精選し順次定期的に刊行するものです。これらの知の文化遺産が、ゆるぎない視点からことの本質を説き続ける、確かな水先案内として迎えられることを切に願ってやみません。

二〇一二年四月

吉川弘文館

読みなおす日本史

飛　鳥　その古代史と風土
門脇禎二著　二五〇〇円

犬の日本史　人間とともに歩んだ一万年の物語
谷口研語著　二一〇〇円

鉄砲とその時代
三鬼清一郎著　二一〇〇円

苗字の歴史
豊田　武著　二一〇〇円

謙信と信玄
井上鋭夫著　二三〇〇円

環境先進国・江戸
鬼頭　宏著　二一〇〇円

料理の起源
中尾佐助著　二一〇〇円

暦の語る日本の歴史
内田正男著　二一〇〇円

漢字の社会史　東洋文明を支えた文字の三千年
阿辻哲次著　二一〇〇円

禅宗の歴史
今枝愛真著　二六〇〇円

江戸の刑罰
石井良助著　二一〇〇円

地震の社会史　安政大地震と民衆
北原糸子著　二八〇〇円

日本人の地獄と極楽
五来　重著　二一〇〇円

幕僚たちの真珠湾
波多野澄雄著　二二〇〇円

秀吉の手紙を読む
染谷光廣著　二一〇〇円

大本営
森松俊夫著　二二〇〇円

日本海軍史
外山三郎著　二一〇〇円

史書を読む
坂本太郎著　二一〇〇円

山名宗全と細川勝元
小川　信著　二二〇〇円

東郷平八郎
田中宏巳著　二四〇〇円

昭和史をさぐる
伊藤　隆著　二四〇〇円

歴史的仮名遣い　その成立と特徴
築島　裕著　二二〇〇円

読みなおす
日本史

時計の社会史　角山　榮著　二二〇〇円
漢　方　中国医学の精華　石原　明著　二二〇〇円
墓と葬送の社会史　森　謙二著　二四〇〇円
悪　党　小泉宜右著　二二〇〇円
戦国武将と茶の湯　米原正義著　二二〇〇円
大佛勧進ものがたり　平岡定海著　二二〇〇円
大地震　古記録に学ぶ　宇佐美龍夫著　二二〇〇円
姓氏・家紋・花押　荻野三七彦著　二四〇〇円
安芸毛利一族　河合正治著　二四〇〇円
三くだり半と縁切寺　江戸の離婚を読みなおす　高木　侃著　二四〇〇円
太平記の世界　列島の内乱史　佐藤和彦著　二二〇〇円

白　隠　禅とその芸術　古田紹欽著　二二〇〇円
蒲生氏郷　今村義孝著　二二〇〇円
近世大坂の町と人　脇田　修著　二五〇〇円
キリシタン大名　岡田章雄著　二二〇〇円
ハンコの文化史　古代ギリシャから現代日本まで　新関欽哉著　二二〇〇円
内乱のなかの貴族　南北朝と「園太暦」の世界　林屋辰三郎著　二二〇〇円
出雲尼子一族　米原正義著　二二〇〇円
富士山宝永大爆発　永原慶二著　二二〇〇円
比叡山と高野山　景山春樹著　二二〇〇円
日　蓮　殉教の如来使　田村芳朗著　二二〇〇円
伊達騒動と原田甲斐　小林清治著　二二〇〇円

吉川弘文館
（価格は税別）

読みなおす
日本史